Catalogue Illustré

DES

LIVRES

XYLOGRAPHIQUES.

PAR

J. Ph. BERJEAU.

LONDRES:

C. J. STEWART, 11 KING WILLIAM STREET,

WEST STRAND.

1865.

We hereby certify that only 105 copies of this work have been printed.

STRANGEWAYS & WALDEN,
28 Castle St. Leicester Sq.

N? 8.

Explication des Principales Abbreviations.

---

^a Recto.

ā an, am, ava. angli, angeli. aīa, anima. az, am.

anopistographique.   Imprimé des deux côtés du papier.

^b Verso. bⁱ bey.

cal° capitulo.   coȝ, cionem, tionem.   cōis, cionis, tionis.

ꝯ con, cum.

đ dar, der. dȝ, das. dn̄i, domini. d^r der.

ē et, est, en, ine.

F. f. ff. fol. Feuillets.

Frotton. Instrument des cartiers pour imprimer.

h. Hauteur. hōis, hominis.

I im, in. ij̄, ijn.

ih̄s, Jhesus.

l. Largeur.

li. Lignes, mesure ancienne. mⁱ mihi. m^r mater.

ō om, on, ion, ionem.

opistographique.   Imprimé d'un seul côté.

P̄ p̄ par, per, pro, pri. po. Pouces, mesure ancienne.

ꝗ q̄ q̄m, quam, que, quem, quod. qⁿ quan. qⁱa, quia. qⁱ qui.

^r r, ra, re, er, ur. rn̄, ern. ȝ rum.

S. Sc̄⁹, scā, sco, scūm, scts. Saint, Sanctus, a, e, i, o, um.

t^r tur, ter. ū um, un. ℓ is, us.

ū ꝟ ver, vir.

xp̄us, I, ō, um̄. Christus, i, o, um. X̄pian⁹ Christianus.

⁹ is, us.

⅛ à ⅐ Lignes ; mesure anglaise.

0, 135, &c. ^{mm}. Millimétres, mesure française.

PRÉFACE.

Ce Catalogue illustré des livres xylographiques ne comprend naturellement aucune des xylographies détachées, dont le nombre est trop grand pour que leur description n'exige pas un ouvrage séparé. Nous avons dans le présent catalogue écarté avec soin tout détail inutile, toute hypothèse de nature à jetter de la confusion dans l'esprit du lecteur. Le plan suivi dans cette description des block - books est très simple. Réunir dans le même cadre tous les monuments connus de la xylographie, publiés sous forme de livres, et mettre l'amateur et le bibliothécaire à même de distinguer non seulement les éditions diverses du même ouvrage, mais aussi de classer dans l'ordre qu'ils doivent occuper les feuillets du même livre et de reconnaître au premier coup d'œil à quel ouvrage appartiennent les feuillets ou même les fragments que l'on pourrait rencontrer : tel est le desideratum que nous avons essayé de satisfaire. Nous avons le regret de n'avoir pu décrire qu' imparfaitement quelques unes des raretés qui se trouvent à l'état unique dans certaines collections du continent ; mais, la plupart des monuments sur lesquels des renseignemens complètes nous ont manqué n'ont qu'une importance secondaire.

TABLE DES MATIÈRES.

CATALOGUE.

———————◆———————

Alphabet Grotesque.

2 ff. in-fol. ou 24 ff. in-24, anopistographiques,
imprimés au frotton à l'encre couleur de
rouille.

On ne connaît de cet alphabet que deux exemplaires ; l'un à Bâle, sur deux ff. in-fol. à 6 compartiments chacun, avec la date de 1464 ; l'autre
incomplet au Cabinet des Estampes du British
Museum ; avec les compartiments séparés, devrait
avoir 24 ff.
Hauteur des planches séparées 6 po. sur 3 po.
6 li. : marque du papier, une ancre surmontée
d'une petite croix. Dans l'exemplaire du British
Museum, la lettre 𝔄 est déchirée. Les lettres
𝔖, 𝔗, 𝔘, manquent. La lettre 𝔅 se compose
de 5 figures, l'une d'elles avec une flûte et un

B

tambourin. 𝕮 est formé par un jeune homme,
qui ouvre la gueule d'un lion, et deux têtes grotesques. 𝕯. Un homme à cheval et un moine
monté sur un monstre. 𝕰. Deux têtes grotesques;
les cornes de l'une d'elles sont tenues par une
figure, tandis qu'une autre figure étend un mor-
ceau de drap. 𝕱. Grande figure, qui sonne de
la trompette ; tandis qu'une autre courbée en
deux bat du tambour. 𝕲. David avec la tête de
Goliath. 𝕳. Figure qui entr'ouvre les mâchoires
d'un dragon. 𝕴. Un homme et une femme qui
s'embrassent. 𝕶. Une femme avec une guir-
lande, un jeune homme à genoux, et un vieillard
qui semble s'envoler, un jeune homme les talons
en l'air. Le jeune homme agenouillé offre un
bijou à la dame et porte un phylactère, sur lequel on lit *mon* ♡ *aves* (mon cœur avez), que
M. Chatto lit à tort, *Mon âme.* 𝕷. Un homme
avec une épée à deux mains, dont il semble vouloir
percer un ennemi couché. 𝕸. Deux figures mon-
tées sur des chimères, entr'elles un vieillard.
𝕹. Un homme avec une épée et un autre monté
sur la queue d'un poisson. 𝕺. Quatre têtes grotesques. 𝕻. Deux figures armées de bâtons.
𝕼. Trois têtes grotesques comme celles de l' 𝕺.
𝕽. Grande figure droite, une autre avec une
espèce de bâton à la main ; une troisième les
talons en l'air sonne du cor. 𝕾. Se compose de
quatre figures, dont une a deux sonnettes et une
autre une sonnette ; on voit un écureuil sur l'épaule
de la figure supérieure. 𝕿. Une grande figure,
avec une espèce de bonnet à poil sur la tête ; une

autre perce d'une épée la tête d'un animal. *Z.* Trois figures ; un vieillard qui va dégaîner un poignard pour en frapper un jeune homme couché, tandis qu'un ange sans ailes semble le supplier de n'en rien faire. C'est peut-être une réprésentation du sacrifice d'Abraham. Le dernier feuillet est rempli par un riche fleuron, dans lequel on pourrait retrouver la lettre *L.*

Quelques auteurs anglais ont supposé que cet alphabet avait été gravé en Angleterre, parce qu'on lit le mot *London* sur une des planches ; mais outre que cette inscription est manuscrite, il est constant que l'art anglais au XV⁰ siècle était loin d'avoir acquis la perfection que ce spécimen xylographique présente : Nous croyons ne pas nous tromper beaucoup en attribuant la gravure et le dessin de cet alphabet grotesque à Antoine Sorg. On trouve en effet dans le " Buch der natürlichen Weisheit," imprimé à Augsbourg en 1490, in-fol. par ce typographe, des capitales ornées, tout à fait dans le style et la manière de l'Alphabet grotesque de 1464.

L'Antéchrist et les Quinze Signes, en allemand.

1ᵉ EDITION. 39 ff. anopistographiques, ou imprimés d'un seul côté du papier; haut. 10 po. $\frac{4}{8}$; larg. 6 po. $\frac{2}{8}$.

2ᵉ EDITION, par Junghanns de Nuremberg, avec la date de 1472, 38 ff. anopistographiques.

1ᵉ EDITION. — Deux gravures sur chaque page, excepté ff. 1, 2, 23, 24, 25, 26, 27, 28, 36, 37, 38, et 39, qui n'ont qu'une seule gravure ou du texte; le tout au simple trait, sans ombres, imprimé à la détrempe en encre couleur de rouille.

F. 1 ᵃ Blanc.   F. 1 ᵇ Préface de 32 lignes.

2 Le père de l'antéchrist recherche sa propre fille en mariage.

3 Jacob sagt sinem sun Dan.—Hie wirt der Enndkrist empfangen.

4 Der Enndkrist wirt geborn.— Hie wirt der Enndkrist sich vnderstan.

5 Circoncision de l'Antéchrist.—Construction du Temple de Salomon.

6 L'Antéchrist fait de l'or.—Il voyage de Capharnaüm à Jérusalem.

7 Il prophétise.—L'Antéchrist prêche.

8 Prédication d'Enoch. — L'Antéchrist détruit la loi.

9 Il prêche une nouvelle doctrine.—Il passe de l'autre côté.

10 L'arbre sec.—Les signes.

11 Les juifs sont marqués.—L'Antéchrist envoie des messagers.

12 L'Antéchrist prêche devant le roi d'Egypte.—Il prêche devant le roi de Lybie.

13 Devant le roi de Mauritanie.—Devant la reine d'Imason.

F. 14 Devant la Chrétienté.—Il a pour cortége le monde entier.
 15 Il est visité par le roi d'Egypte.—Il distribue de l'or et de l'argent.
 16 Il accomplit des sortilèges.—Le roi d'Egypte est marqué au front.
 17 Il est visité par le roi de Lybie.—Par le roi de Lybie et son peuple.
 18 Les messagers de l'Antéchrist.—On lui amène des prisonniers.
 19 Il fait massacrer les martyrs.—Tout le monde se cache.
 20 L'antéchrist dans sa majesté.—Il fait tuer les prophètes.
 21 Les prophètes et l'ange.—L'antéchrist tombe par terre.
 22 Il resuscite le troisième jour.—Parodie de la pentecôte.
 23 L'antéchrist appelle tous les princes.
 24 L'antéchrist est précipité du rocher.
 25 Il est précipité en enfer dans une chaudière bouillante.
 26 Les serviteurs de l'Antéchrist se réjouissent.
 27 So der enndkrist sein leben in aller boshait vollendet. Audessous, gravure représentant deux hommes dans une tribune et deux autres debout; trois hommes assis et vus de dos ont la tête couverte de leurs capuchons.

Les Quinze Signes suivent toutes les éditions de l'Antéchrist, et doivent être considérés comme faisant partie de ce livre. Quoique Dibdin ait décrit les deux livres comme séparés, il est très certain que les deux ouvrages dans la bibliothèque de Lord Spencer sont gravés par le même artiste, imprimés de la même manière sur le même papier, et n'ont pas été publiés séparément.

F. 28 Préface des Quinze Signes, en 30 lignes de texte.
 29 1er signe. La mer se gonfle.—2e signe. La mer se calme.
 30 3e signe. On entend les cris des monstres marins.—4e signe. La mer et les rivières sont desséchées par le feu.
 31 5e signe. Les arbres et les herbes suent du sang.—6e signe. La terre tremble.

32 7ᵉ signé. Les édifices s'écroulent.—8ᵉ signe. Les pierres sont élevées en l'air.

33 9ᵉ signe. Les hommes reviennent des montagnes.—10ᵉ signe. Les sépulchres s'ouvrent.

34 11ᵉ signe. Les étoiles tombent du ciel.—12ᵉ signe. Tous les hommes meurent.

35 13ᵉ signe. Incendie général de l'univers.—14ᵉ signe. La terre et les montagnes sont aplanies.

36 15ᵉ signe. Le ciel et la terre sont renouvelés; resurrection des morts.

37 Le dernier jugement. D'un côté est écrit Venite, de l'autre Ite.

38 Ah vil pücher sagen vnd sunderlich das puch compendium theologie . . . .

39 Le texte finit par une prière et ces paroles : "Vnd die syben psalmen dick in latynn. Amen."

2ᵉ Edition.—La 2ᵉ édition par Junghanns de Nüremberg, avec la date de 1472, ne contient que 38 ff., parce que le graveur a omis la planche où le père de l'Antéchrist fait la cour à sa propre fille. Ces 38 ff. sont imprimés au frotton sur 19 ff. doubles, formant un seul cahier.

Cette édition a été, au moins en partie, gravée une seconde fois ; car la bibliothèque royale de Munich possède deux exemplaires différents de ce livre xylographique. Le 1ᵉʳ a 18 ff. opistographiques et deux ff. 1 et 20, anopistographiques. Les ff. 1ᵇ, 19ᵇ, 20ᵃ, 14ᵇ, sont couverts de texte, et les ff. 14ᵇ à 20ᵃ sont consacrés aux Quinze Signes. On lit sur le f. 1ᵇ, "Hie hebt sich an von dem entkrist genomen vnd geczogen aus ∥ vil puchern wy vnd von wem er geporn soll werden," &c. Ce f. contient 32 lignes de texte. Au bas de la page on lit : " Der . . . . hannsz prieffmaler hat das puch "∥ 1°, 4°, 7°.   Dans l'exemplaire de Gotha la date est complète et disposée ainsi : 1° 4° 7° 2.

Le Dr. Massman (Serapeum, 1841, p. 304) estime que cette édition n'est qu'une mauvaise copie du second exemplaire de la même bibliothèque royale de Munich, lequel a 24 ff. anopistographiques, et où les ff. 21, 22, 23, et 25, n'ont qu'une seule gravure.   On lit f. 1ᵇ, "Hie hebt sich an von dem entkrist genomen vnd geczogen aus."∥   La 32ᵉ et dernière ligne porte : "Das ∥ geschicht dann von gottes auferwelten wegen."∥

Les différences signalées dans ces deux derniers exemplaires montrent qu'on peut compter au moins quatre éditions de l'Antéchrist Allemand xylographique.   Le British Museum en possède une autre édition, mais dont le texte a été imprimé en caractères mobiles, et qui a été décrit par Hain (Rep. bibl. n°. *1149).

Apocalypse.

1ᵉ EDITION. — 48 ff. anopistographiques, imprimés au frotton à la détrempe, et à l'encre couleur de rouille, en cahiers de 8 ff. chaque. Signatures 𝔄, 𝔅, ℭ, 𝔇, etc. sur la première moitié de chaque f.   Ainsi le 1ᵉʳ f. porte 𝔄 le 16ᵉ qui lui correspond n'a pas de signature, le 2ᵉ f. porte 𝔅 la signature manque au 15ᵉ et ainsi de suite.   Tel est du moins l'ordre des signatures dans l'exemplaire de Lord Spencer, quoique Dibdin, et après lui Sotheby, pretendent que cette édition ne porte pas de signatures ou que ces signatures sont manuscrites, ce qui nous semble tout à fait erroné.

Sign.	Ff.	Premier Compartiment.	Deux° Compartiment.
𝕬	1	Conversi ab ydolis.	S. Johannes baptisans.
	2	Trahamus Johannem.	S. Johannes romam mittitur.
𝕭	3	Q^d vides Scribe.	
	4	Per vii Lampades.	
𝕮	5	( ) Anctus Johannes.	
	6	Apertio primi sigilli.	
𝕯	7	Apercio tercii sigilli.	
	8	Apercio quinti sigilli.	Apertio sexti sigilli.
𝕰	9	Per terram et mare.	
	10	Apertio septimi sigilli.	Incensa multa.
𝕱	11	Primus angelus.	
	12	Quartus angelus.	
𝕲	13	Angelus Abadon.	Sextus angelus.
	14	Caude equorum.	
𝕳	15	Et leuauit angelus.	
	16	Et iacebunt corpora.	
𝕴	17	Hic sedet antichristus.	
	18	Per septimum angelum.	
𝕶	19	Et ecce draco.	
	20	Nunc facta est salus.	
𝕷	21	Date sunt.	
	22	Iratus est draco.	
𝕸	23	Draco est dyabolus.	
	24	Per hanc bestiam.	
𝕹	25	Et uidi alteram bestiam.	
	26	Et faciet omnes.	
𝕺	27	Et uidi alterum angelum.	
	28	Et angelus secutus est.	
𝕻	29	Et vidi et ecce.	
	30	Et vidi aliud signum.	
𝕼	31	Et vidi post hec.	
	32	Et secundus angelus.	

Signature. Ff.

𝕽	33	Et quartus angelus.
	34	Et sextus angelus.
𝕾	35	Et septimus angelus.
	36	Et venit unus de vii angelis.
𝕮	37	Et post hec vidi.
	38	Et vox de trono.
𝖀	39	Et dixit michi Scribe.
	40	Et vidi unum angelum.
V	41	Et apprehensa est bestia.
	42	
	43	Et dyabolus qui ducebat eos.
	44	Et ego iohannes vidi.
	45	Et ostendit.
𝖅	46	Et dixit michi designaberis.
	47	Stultus est eius mundi.
𝖅𝖅	48	Beatus iohannes iacentibus.

2ᵉ Edition. — 48 ff. anopistographiques imprimés au frotton à la détrempe. Le dessin et la
gravure sont d'une autre main. Chaque page
porte une signature, la même sur le verso d'un
feuillet et le recto du feuillet opposé. Sur le f. 𝖆.
St. Jean ne porte pas de nimbe et donne la béné-
diction de la main gauche. Un des paysans porte
une hache à la main droite, tandis que dans la 1ᵉ
édition le même personnage a une hallebarde. Sur
le f. 𝕭, trois flammes sortent de la tête du Christ.
Au f. 𝕯, la queue du cheval est retroussée, tandis
qu'elle ne l'est pas dans la 1ᵉ édition.

3ᵉ Edition. — 50 ff. anopistographiques, tandis
que toutes les autres éditions n'ont que 48 ff.
Elle a été d'ailleurs executée par un autre artiste
que les deux précédentes. La signature qui se
trouve au verso du 1ᵉʳ f. est répétée au recto du
2ᵉ f. et ainsi de suite. Dans l'exemplaire de cette

édition que possède M. le duc d'Aumale, les deux ff. portant la signature 𝔅 constituent l'addition. Le compartiment supérieur de 𝔅¹ porte, " Hic per nouam sectam deorum vetustorum evacuavit culturam." Ici par une nouvelle secte il remplace le culte des anciens dieux, et non pas des hommes-dieux—" men-gods"—comme l'a traduit par erreur Sotheby, qui a pris l'abbréviation " de vetustorum" pour celle "de virorum." Le compartiment inférieur porte l'inscription " Traditor et dolium feruentis olei." Dans la gravure supérieure de 𝔅² on lit : " Domicianus Johannem deorum vetustorum contemptorem in pathmos insula exulo." Dans la partie inférieure : "Relegauit pathmos hic S. Johannes." Il resulte de l'intercalation des deux ff. avec la signature 𝔅 que le reste des signatures cesse de correspondre avec celles des autres éditions.

4ᵉ ÉDITION. —48 ff. Elle diffère tellement par le dessin des trois premières et de la 5ᵉ qu'il est facile de la distinguer. Hauteur de la gravure 11 po. $\frac{3}{8}$ sur 8 po. $\frac{2}{8}$ de largeur dans l'exemplaire de Lord Spencer. On la reconnaîtra mieux au moyen de ces différences :

F. 1. S. Jean bénit avec la main gauche. F. 4. Quelques personnes derrière le trône. F. 5. Pas de nimbe autour de la tête de S. Jean. F. 11. Deux arbres tombés seulement sur le premier plan. F. 14. Trois anges armés. F. 17. Trois personnes à gauche, quatre suivants seulement ; il n'y a personne à genoux. F. 18. Trois figures à gauche. F. 24. Quatre adorateurs seulement. Ff. 28 et 36. S. Jean n'a pas de nimbe. F. 40. S. Jean tient son bâton ; les écussons des suivants sont vides. F. 41. Un des boucliers est omis. F. 48. Le corps de S. Jean plus étendu dans le cercueil.

5ᵉ Edition. —48 ff. Elle se distingue de la 3ᵉ par quelque changemens dans le texte, et porte des signatures sur les ff. impairs les ff. 9, 45 et 47 n'ont pas de signatures ; on en trouve sur ff. 46 et 48, l'impression anopistographique est faite avec une encre très noire. Différences avec la 4ᵉ et les autres éditions :—

F. 1. S. Jean bénit avec la main droite. F. 3. Sept candélabres en une seule rangée. F. 5. S. Jean avec un nimbe, les symboles des 4 évangélistes sont renversés. F. 7. Le mot " pallidus" omis dans l'inscription. F. 14. Trois anges armés et trois chevaux. F. 17. Les trois personnages à gauche sont des évêques. F. 18. Quatre personnes à gauche. F. 24. Quatre adorateurs. F. 25. S. Jean habillé comme à l'ordinaire. F. 40. Cinq cadavres seulement sur le premier plan. F. 44. Arbre à gauche des morts qui resuscitent. F. 48. Deux fenêtres à treillis sur le second plan.

6ᵉ Edition ; décrite par Heinecken (Idée générale, p. 368), chaque f. porte une signature de 𝕬 à 𝖅, jusqu'au f. 23 et 𝕬 𝕬 à 𝖅 𝖅, jusqu'au f. 46. Les deux derniers paraissent ne pas avoir de signatures. Le f. 19 porte pour signature 𝖀 𝖀 comme le 43ᵉ f.

Ars Memorandi.

30 ff. anopistographiques, comprenant 15 pages de texte et 15 gravures, imprimées au frotton avec de l'encre couleur de rouille, un peu moins pâle dans la 2ᵉ édition.

Les quatre évangelistes dont ce livre est destiné

à mnémoniser le texte sont représentés par les animaux et l'ange qui leur servent de symboles savoir : S. Jean par un aigle ; S. Mathieu par l'ange ; S. Marc par un lion ; et S. Luc par un bœuf. Ces quatre figures symboliques sont debout et couvertes d'hiéroglyphes destinés à rappeler les principaux passages de chaque évangile. Il y a trois figures pour S. Jean ; 5 fig. pour S. Mathieu ; 3 pour S. Marc, et 4 pour S. Luc.

La signature ℭ est intervertie dans les deux éditions, et s'applique aux 3ᵉ et 4ᵉ ff., tandis que 𝕭 s'applique par erreur aux 5ᵉ et 6ᵉ ff.

1ᵉ Edition.—On lit dans le texte du 1ᵉʳ f. ligne 17 : "tolle grabatum tuum et ambula."

2ᵉ Edition.— On lit au 1ᵉʳ f. 18ᵉ ligne : "tolle grabatum tuum tuum (sic) et vade."

La disposition du texte ne correspond pas d'ailleurs dans les deux éditions.

1ᵉ Edition.— (A)rs memorandi notabilis p ‖ figuras ewangelistarū hic ‖ ex post descᵣptam quam dili‖gens lector diligenter legat ‖.

2ᵉ Edition.— (A)rs memorandi notabilis p ‖ figuras ewangelistaꝛ hic ex‖post descriptam q̄ dili-gens ‖ lector diligenter legat et p̄cti ‖ cet per &c.

Les gravures de l'exemplaire de Lord Spencer ont 9 po. ⅖ sur 6 po. ⅘.

Sigs. **Ff.**

𝕬   1 Texte (1ᵉ édition, 21 lignes ; 2ᵉ édit. 22 lignes).

  2 1ᵉ figure de S. Jean.   La trinité, une guitare, &c.

ℭ   3 Texte de la 2ᵉ figure de S. Jean.

  4 2ᵉ figure de S. Jean.   Un instrument de musique, &c.

𝕭   5 Texte de la 3ᵉ figure.

  6 3ᵉ fig. de S. Jean.   Un cœur, une vigne, &c.

Sigs.	Ff.	
𝕯	7	Texte de la 1ᵉ figure de S. Mathieu.
	8	1ᵉ fig. de S. Mathieu. Le Christ enfant, un ange, &c.
𝕰	9	Texte de la 2ᵉ figure.
	10	2ᵉ fig. de S. Mathieu. Un chateau avec sa porte, &c.
𝕱	11	Texte de la 3ᵉ figure.
	12	3ᵉ fig. de S. Mathieu. Un sac de blé, &c.
𝕲	13	Texte de la 4ᵉ figure.
	14	4ᵉ fig. de S. Mathieu. Deux mains unies, une vigne, &c.
𝕳	15	Texte de la 5ᵉ figure.
	16	5ᵉ fig. de S. Mathieu. Cinq lampes, une croix, &c.
𝕴	17	Texte de la 1ᵉ figure de S. Marc.
	18	1ᵉ fig. de S. Marc. Les fonts de baptême, un lit, &c.
𝕶	19	Texte de la 2ᵉ figure de S. Marc.
	20	2ᵉ fig. de S. Marc. La main du Christ, le diable, &c.
𝕷	21	Texte de la 3ᵉ figure de S. Marc.
	22	3ᵉ fig. de S. Marc. Un prophète et Jésus dans les nuages, &c.
𝕸	23	Texte de la 1ᵉ figure de S. Luc.
	24	1ᵉ fig. de S. Luc. Un ange, un enfant avec un sceptre, &c.
𝕹	25	Texte de la 2ᵉ figure de S. Luc.
	26	2ᵉ fig. de S. Luc. Une cassolette de parfums, un sac de blé, &c.
𝕺	27	Texte de la 3ᵉ figure de S. Luc.
	28	3ᵉ fig. de S. Luc. Un figuier, un homme nu à table, &c.
𝕻	29	Texte de la 4ᵉ figure de S. Luc.
	30	4ᵉ fig. de S. Luc. Une ville, une vigne, un prophète, &c.

Ars Moriendi.

Ce livre xylographique ayant eu un grand nombre d'éditions qu'il est impossible de comparer entre elles en raison de leur dispersion, nous allons essayer de les classer par une nouvelle méthode plus facile à vérifier que celle adoptée jusqu'ici par lès bibliographes.

L'Ars moriendi a été gravé en latin, en français, et en allemand. La plupart des éditions se composent de 24 ff. anopistographiques, ou de 14 ff. opistographiques dont le recto du premier et le verso du dernier sont restés blancs. Voici l'ordre du texte et des figures dans les trois langues— Latine, F. française, A. allemande avec signatures :

F. 1. Ars moriendi. Quamuis secundū philosophū, &c.

 Français. L'Art au morier. . . .

 Allemand. Wie wol nach der lere des natürlichen maister. . . a

F. 2. X̄pian⁹ credere debet. . . s. secundo ut recognoscat, &c.

 F. Continuation de la préface.

 A. Das er ain fürcsacz habe. . . .

F. 3. Figure 1ᵉ. Fac sicut pagani.

 F. do.   do.

 A. do.   do.   b

F. 4. Temptacio dyaboli de fide.

 F. Temptation du diable de la foy.

 A. Versuchung des Tüfels in dem geloben.

F. 5. Fig. 2. Sis firm⁹ ɪ fide.

 F. do.   do.

 A. do.   do.   c

F. 6. Bona suspira (sic) angeli de fide.

 F. Bonne inspiracion par lāge de la foy.

 A. Ain gute lere des engels von dem gelauben.

F. 7. Fig. 3. Occidisti.

 F. do.   do.

 A. do.   do.   d

F. 8. Temptacio dyaboli de despacione.

 F. Temptacion du dyable de desperacion.

 A. Die ander versuchung des Tufels durch verzwiflung.

F. 9. Fig. 4. Nequaꝗ desperes.

 F. do.   do.

 A. do.   do.   e

F. 10. Bona inspiracio angli cōtra desperacoȝ.
    F. Bonne inspiracion de lange contre desesperence.
    A. Wider die versuchung der verszwiflung.

F. 11. Fig. 5. Ecce q̄tā penā patit[r].
    B. do.   do.
    A. do.   do.   f

F. 12. Temptacio dyaboli de impacientia.
    F. Temptacion du dyable par impatience.
    A. Die drit versuchung ist durch ungedult.

F. 13. Fig. 6. Labores amisi.
    F. do.   do.
    A. do.   do.   g

F. 14. Bona ɪspiracio angli de paciencia.
    F. Bonne inspiration par lange de pacience.
    A. Wider die dritten versuchung.

F. 15. Fig. 7. Coronā meruisti.
    F. do.   do.
    A. do.   do.   h

F. 16. Temptacio dyaboli de vana gloria.
    F. Temptacion du dyable par vaine gloire.
    A. Zu dem fierden maul.

F. 17. Fig. 8. Sis humilis.
    F. do.   do.
    A. do.   do.   i

F. 18. Bona ɪspiracio angli cōtra vanā gloriam.
    F. Bonne inspiration de lange contre vaine gloire.
    A. Wider die vierden versuchung.

F. 19. Fig. 9. Intende thesauro.
    F. do.   do.
    A. do.   do.   k

F. 20. Temptacio dyaboli de auaricia.
    F. Temptacion du dyable d'auaricc.
    A. Die fünft versuchung.

F. 21. Fig. 10. Non sis auarus.
    F. do.   do.
    A. do.   do.   l

F. 22. Bona ɪspiracio angli cōtra auariciā.
    F. Bonne inspiration de lange contre lauarice.
    A. Wider die fünften versuchung.

F. 23. Fig. 11. Animā amisim⁹.

    F. do.   do.

    A. do.   m

F. 24. Si agonisās loq' et usum, &c.

    F. Bien utile conclusion de ceste salutaire doctrine . . .

    A. Le texte manque dans l'exemplaire allemand connu.

Quatre autres gravures sans texte se trouvent ajoutées dans certaines éditions, savoir : dans les unes, la création de la femme, et Jésus assis aux pieds de son père ; dans les autres, un Saint Michel qui pèse les âmes, et le tableau de la vie humaine ; mais les gravures sont d'une autre main, et n'ont été sans doute ajoutées qu'après coup. Nous donnons ici un S. Michel, qui est emprunté à une des éditions typographiques.

Mr. J. C. Brunet, à qui nous devons la description de l'exemplaire unique de l'Art au Morier (sic), c'est-à-dire, de l'Ars Moriendi français, dit que "probablement les planches employées à l'impression de cette édition sont les mêmes que celles de l'édition latine, décrite comme la seconde par Heineken (Idée générale, p. 399) ; parce qu'on ne voit dans la 9ᵉ figure (Intende thesauro) que 4 tonneaux, tandis qu'il y en a 7 dans l'édition regardée par Heineken comme la première." Il y a là une erreur de M. Brunet ; car c'est la 1ᵉ édition qui se trouve décrite p. 399, et dans la gravure (Intende thesauro) dont Heineken donne un facsimile pl. 19, il y a dans la cave 7 tonneaux, et un homme qui tire du vin. La description de la 2ᵉ édition ne commence qu'à la p. 406 ; le facsimile de la gravure (pl. 20) de cette édition montre qu'il n'y a que trois tonneaux, et non quatre comme le dit M. Brunet. Si la planche de "l'Art au Morier" a 4 tonneaux, il s'agirait de savoir s'il y a un homme tirant du vin, comme dans la 3ᵉ édition, pl. 21 de Heineken, ou sans homme tirant du vin comme dans la 4ᵉ édition, pl. 22.

Indépendamment de la différence dans le dessin, la gravure et la dimension des planches, les diverses éditions de l'Ars Moriendi se distinguent :—

1°. Par le nombre de lignes du texte ;

2°. Par l'impression opistographique ou ano-pistographique ;

3°. Par la couleur de l'encre, noire ou couleur de rouille ;

4°. Par le nombre des filets qui servent d'encadrement aux gravures ;

5°. Par le nombre et l'arrangement des tonneaux dans la cave, de la 9ᵉ figure ;

6°. Par les signatures que portent certaines éditions ;

7°. Par les inscriptions des phylactères qui sont quelquefois en allemand, quoique le texte soit latin.

La grande difficulté est de savoir si les exemplaires décrits sont bien homogènes et non composés de ff. empruntés à plusieurs éditions. Nous espérons que le tableau suivant aidera autant que possible non seulement à resoudre cette difficulté, mais encore à faire distinguer suffisamment chaque édition l'une de l'autre. L'ordre indiqué n'est que pour servir au classement des éditions sans préjuger la question de priorité qui reste ouverte ; quoique à notre avis, l'édition décrite par Heineken comme la 2ᵉ, soit très probablement la première.

Tableau du nombre des lignes, des signatures, &c., qui servent à distinguer les principales éditions xylographiques de l'Ars Moriendi.

EDITIONS .	1e	2e	3e	4e	5e	6e	7e	Française.	Alm.	Sporer	Galitzin.
Format . .	4°	4°	fol.	fol.	fol.	fol.	fol.	fol.	fol.	fol.	4°
Anopistogr. / Opistogr.	an.	an.	an.	an.	an.	an.	an.	op.	an.	an.	op.
Ff.	24	23	24	24	24	24	26	13	24	24	13
Filets . . .	1	1	2	3	2	2 & 3	3	2 & 3		3	1

LIGNES OU SIGNATURES.

Ff. ou pages.	1e	2e	3e	4e	5e	6e	7e	Française	Alm.	Sporer	Galitzin
1	27	27		30			31		29	a	
2	30	30		29	b	b	28		29		18
3					ð					b	
4	27	28	25	26	c	c	26		27		18
5					c					c	
6	33	34	30	31		ð	30		32		19
7										ð	
8	30	31	27	28	e	e	29		32		19
9										e	
10	27	28	29	27	f	f	31		32		18
11					f					f	
12	26	27	25	27	g	g	27		30		18
13			ɩ							g	
14	36	37	31	35		h	35		37		19
15										h	
16	24	25	26	26	i	i	24		29		20
17					i					i	
18	29	35	35	29ɩ	h	k	30		32		18
19	000	000	0000000	0000	0000	0000	0000			**k**	000 *
20	26	27	25		I	I	23		31		18
21										I	
22	30	31	28		m	m	32		25		18
23										m	
24	32						31		40		18
Editions de Guichard ..	𝔄		𝔅	ℭ	𝔇	𝔈	𝔊				18

* ₀₀₀ Nombre des tonneaux dans la cave.

1ᵉ Edition. — On voit par ce tableau que les deux éditions in 4°, dans les deux premières colonnes, et qui sont : la première, décrite par Heineken (comme la 2ᵉ édition) sur l'exemplaire de Mariette ; la seconde, vérifiée sur l'exemplaire du British Museum, différent par le nombre de lignes. Il serait facile d'expliquer cette différence s'il n'y avait qu'un chiffre d'erreur en supposant que Heineken n'a pas compté le titre courant comme formant une ligne ; mais le 18ᵉ f. présente un si grand écart ; 29 à 35 qu'il est difficile de ne pas conclure qu'il y a deux éditions in 4° latines. Guichard, qui a collationné l'exemplaire de Paris, est d'accord tantôt avec nous, tantôt avec Heineken. Voici d'ailleurs le compte qu'il donne : 27 et 31 pour les 2 premiers ff., et pour les ff. pairs qui suivent : 28, 34, 31, 28, 27, 37, 25, 29, 27, 31, et 32.

2ᵉ Edition. — C'est la première suivant Heineken, parce que l'une des planches (7ᵉ fig.) contient une figure assez indécente qu'on ne retrouve dans aucune autre édition. Le 2ᵉ feuillet de la préface commence par : dientia secundo. La cave (9ᵉ fig.) a 7 tonneaux, et un valet à genoux qui tire du vin.

3ᵉ Edition. — Le 2ᵉ f. de la préface commence par : secundo ut recognoscat. Dans la cave il y a 4 tonneaux et un valet debout. Il est impossible d'imaginer pourquoi Sotheby a donné le premier rang à cette édition.

4ᵉ Edition. — Le 2ᵉ f. de la préface commence par : $\overline{\mathrm{Xpian}}^9$ credere debet. Il y a quatre tonneaux, sans valet, dans la cave.

Dernière gravure d'une édition typographique de l'Ars Moriendi.

5ᵉ. EDITION.—Cette édition porte des signatures et entre autres ꝺ mal placé sur la 1ᵉ figure, ꞇ sur la 2ᵉ, ꞙ sur la 5ᵉ, et í sur la 8ᵉ, indépendamment de celles que porte le texte. L'exemplaire incomplet de Hanovre est anopistographique, mais imprimé a l'encre noire.

6ᵉ EDITION.—Les légendes des rouleaux sont en allemand, quoique le texte soit en latin. Il y a deux planches d'ajoutées : La création de la femme et Jésus aux pieds de son père.

7ᵉ EDITION.—Imprimée à l'encre noire, et à la presse elle se compose de 13 ff. opistographiques. Le 2ᵉ f. de la préface commence par : $\overline{Xpian}^9$ credere debet.

EDITION FRANÇAISE.—" L'Art au morier," dont le seul exemplaire connu se trouve à Lille, dans la collection de M. Vandercruisse, est imprimé au frotton à la détrempe. Il reste à vérifier si les planches de ce livre ne sont pas originales, et ne constituent pas réellement la première de toutes les éditions.

EDITIONS ALLEMANDES.—1ᵉ. On ne connaît qu'un seul exemplaire de l'édition gravée à Ulm par Louis Hohenwang ; il se trouve dans la collection Pertusat, à Milan. Les signatures que portent le premier f. de texte, et chacune des figures, sont placées vers le milieu de la marge, à droite dans la bordure. 2ᵉ. L'édition gravée par Hans Sporer, " pruff-maler," avec la date de 1473, forme un seul cahier de 22 ff. Le texte et les phylactères sont en Allemand, comme dans celle de Ludwig d'Ulm. 3ᵉ. L'édition allemande in 4°

que possède le prince Galitzin a été décrite pour la première fois, dans le Bulletin du Bibliophile de Techener, 1858, p. 856 et ss. La petite dimension des gravures m. 0, 135 sur 0, 120 n'a pas permis au graveur d'insérer les légendes ordinaires dans les rouleaux.

Il existe en outre quelques autres éditions xylographiques de l'Ars moriendi sur lesquelles nous ne possédons pas de renseignements suffisants pour leur donner place ici.

Biblia Pauperum.

Il existe trois éditions originales de la Bible des Pauvres latine. La première, hollandaise, dont les dessins et la gravure sortent du même atelier que les planches de l'Ars Moriendi in 4°, du Cantique des Cantiques, et du Speculum Humanæ Salvationis. Deux exemplaires de cette édition sont en Angleterre : l'un au cabinet des estampes du British Museum, l'autre dans la collection de M. le Duc d'Aumale.

La seconde, allemande, a cinquante planches, tandis que les autres éditions n'en ont que quarante. Le seul exemplaire connu de cette édition après avoir été à Wolfenbüttel est venu à Paris, d'où il est à ce qu'il semble retourné à Wolfenbüttel après l'invasion de la France en 1815. La troisième, française, dont l'édition purement xylographique est perdue, a servi au libraire de Paris, Antoine Vérard, à illustrer les "Figures du vieil Testament et du nouvel." Le seul exemplaire connu de ce dernier livre est aussi au British Museum, après avoir fait partie de la bibliothèque du roi d'Angleterre Henri VII.

Nous avons déja dit ailleurs, comment, après avoir supposé dans notre reproduction de la Bible des Pauvres (Londres, J. R. Smith, 1859, in fol.), que toutes les éditions de la Bible des Pauvres latine à 40 planches, pouvaient se réduire à une seule, nous avions acquis la certitude qu'il existait au contraire un assez grand nombre de copies de l'édition originale, et que nous étions arrivé à cette certitude par l'inspection minutieuse d'un plus grand nombre d'exemplaires, que ceux qui s'étaient trouvés à notre portée au moment de la publication de la reproduction de 1859. Sans entrer ici dans des développemens hors de notre cadre actuel, nous soumettons au lecteur le resultat de nos dernières investigations, qui sont de nature à fixer aussi sûrement que possible la différence, sinon la série, des copies de l'édition originale que nous avons pu examiner.

Le triptyque central de la Bible des Pauvres est divisé ou formé par quatre colonnes qui sont tantôt ombrées, tantôt sans ombres, suivant les éditions. Le plan de l'édition originale était sans doute d'ombrer les 3 premières colonnes, et delaisser la 4e blanche ; car le plus grand nombre des feuillets de cette édition n'offre que trois colonnes ombrées. L'exemplaire du cabinet des estampes du British Museum et ses copies sont ombrés ainsi qu'il suit :—

	4 colonnes blanches.	4 colonnes ombrées.	3 colonnes ombrées.	2 colonnes ombrées.
A Cabinet des Estampes ou Print-room..	..	1	23	13
B Grenville	1	12	17	10
C King's Library	1	10	13	9
D Lucca..	1	16	14	5
E Spencer B et Douce ..	1	12	8	4
F Bodleian Library ..	28	7	3	2

On peut juger de la manière du graveur en comptant les hachures qui ombrent le dessous de l'architrave du dessin central. Voici le resultat obtenu en moyenne sur les exemplaires qui suivent, y compris les gravures tirées par Peter Van Os, et introduites en 1489 dans son Histoire de la passion :—

	Le plus grand nombre.	Le plus petit nombre.	La moyenne.
A Print-room ..	62	32	46
B Grenville	65	21	42
C King's	54	24	37
D Lucca	62	25	39
G Passye (de 1489)	63	33	47

La première édition de la Bible des Pauvres se compose de 40 ff. anopistographiques, imprimés deux à deux, de manière à ce que les gravures soient en face l'une de l'autre, et que le dos blanc puisse être collé à la manière des livres Chinois. Chaque feuillet porte pour signature une lettre de l'alphabet au milieu et immédiatement au dessous du diptyque supérieur. Les 20 premiers feuillets

E

sont marqués par les lettres 𝕬 à 𝖀, et les 20 derniers par un second alphabet dont les lettres sont entre deux points, sauf dans certaines éditions où les lettres 𝕻 𝕺 𝕽 𝕾 du second alphabet n'ont pas de points.

Voici, avec la signature de chaque feuillet, l'inscription qui s'applique au sujet central :

F. 1   𝕬   Virgo salutat^r Inupta manēs grauidatur.

2   b   Absq$_3$ dolore paris virgo maria maris.

3   c   Cristus adorat^r aurū thus mirra locat^r.

4   d   Virgo libana x^m symeonis recipit istum.

5   e   Herodis dirā x° puer effugit iram.

6   f   Ydola pūte xp̄o cecide^r repente.

7   g   Isti pro cristo tolluntur ab isto.

8   h   Ad loca sīa Jhesus egipto q$_3$ recedit.

9   i   Dū baptisat^r x^9 baptisma sacratur.

10   k   Cristū tēptauit Sathās vt eū suparet.

11   𝕷   Per te fit criste rediuiu^9 lazarus iste.

12   m   Ecce dei natū cernūt tres glorificatū.

13   n   Hāc a pēccis : absoluit fons bonitatis.

14   o   Carmē hebreorū te laudat xp̄e bonoȝ.

15   p   Cristus vendentes tēmplo repellit ementes.

16   q   In mortem cristi ⊙spirauit īsrĺisti.

17   r   Qui cristū vendis iudas ad tartara tēdis.

18   f   Rex sedet in cena t^{r}ba cūtus duodena.

19   t   Gethsemani trāsit ihs inde suis valedicit.

20   b   Sūt sic pstrati Cristū captare pati.

21   .a.   p pacē criste t^{r}hit hijs te pditor iste.

22   .b.   Est fe^{r}a plebs ausa dāpnare īhm sine causa.

23   .c.   p nob^9 criste ; pbrū pateris pie triste.

24   .d.   Fert cruc^9 h° lig^m : xp̄s reputās sibi dig^m

25   .e.   Eruit a tristi : barat° : nos passio xp̄i.

26   .f.   De cristo mūda : cū sāguine pfluit vnda.

27   .g.   Mirra ⊙ditur ; et ab hijs cristus sepelit^r.

28   .h.   Fit cristi morte barat^i destruccio porte.

29   .i.   Nūc saxū texit iñgēs tumulū ihs exit.

F. 30 .k.   Qʳ viuas criste : certū docet āgelus iste.

31 .L.   ee mōstrās piā : solar⁹ criste mariam.

32 .m.   hijs ihs apparet : surgēt⁹ gl'a claret.

33 .u.   ee pn̄s criste palpari se dat vt iste.

34 .o.   Scs scōʒ cristus petit astra poloʒ.

35 .p.   Pectora veroʒ r̄plet almū pueuma viroʒ.

36 .q.   Assumēdo piam : vērare xpe mariā.

37 .r.   Judico dāpnādo reprobos sił atq̥ nephādos.

38 .ſ.   Sic affligūtʳ penis qui p̄ua seqūtur.

39 .t.   O pater ɪ cel⁹ me tecū pascʳe vel⁹.

40 .b.   Tūc gaudēt aɪe sibi qū bonū datʳ ome.

Dans le tableau suivant des signes qui servent à distinguer les différentes copies de l'original, le nombre des colonnes ombrées sera désigné par les chiffres 1 à 4, les quatre colonnes blanches par 0. Le nombre des hachures qui servent à ombrer le dessous de l'architrave du dessin central sera donné toutes les fois que cette indication sera utile. Enfin le rond central de la moulure de l'abacus de chacune des deux colonnes centrales sera désigné par 1, lorsque ce rond est ombré par 0 lorsqu'il est blanc. Chaque feuillet sera indiqué par la signature. Les exemplaires vérifiés sont désignés par leur initiales, excepté la première édition, que nous marquerons A.

A. Print Room — Duc d'Aumale.

G. Grenville.

K. King's Library.

L. Lucca.

D. Douce — Spencer B.

B. Bodleian.

F. Passye de 1489—Six van Hilleghom.

V. Vernon.

H. Holford.

Ff.		Exemplaires.	Colonnes ombrées.	Hachures de l'architrave.	Moulures de l'abacus.
1	a	A.	3	49	0 0
		G. K. L. H.	4		
		D.	3		
2	b	A.	4	40	0 0
		G. K.	4		
3	c	A.	4	54	0 0
4	d	A.	4	37	0 0
		G. K. B.	4		1 1
		D.	4		1 0
5	e	A. (col. 2, 3, 4)	3	60	0 0
		G. K. L. D.	4		
		B.	0		
6	f	A.	3	40	1 0
		G. K. L. D.	3		
		B. G.			0 0
		K. L.		28	
7	g	A.	3	57	0 0
		G. D. K. L.	4		
		B.	0		
8	h	A.	3	30	1 1
		G. D.	4		
		B.	0		
		K. L.		24	
9	i	A.	2	55	1 1
		D.	3		
		B.	0		
10	k	A.	3	37	1 1
		D. G.	3		
		K. L.	4	26	
		B.	0		0 0
		G.		30	
11	l	A.	3	54	1 1
		K.	3	47	0 0
		G.	2	56	0 0
		L.	4		1 1
		B.	0		0 0
		P.		55	

Ff.		Exemplaires.	Colonnes ombrées.	Hachures de l'architrave.	Moulures de l'abacus.
12	m	A.	2	37	0 0
		K.	2	32	0 0
		L.	4	39	1 1
		G.	3	31	0 0
		D.	3		0 0
		B.	0		0 0
13	n	A.	3	51	0 0
		K.	3	47	
		L.	3	45	
		G.	3	50	
		B.	0		0 0
		P.		51	
14	o	A.	3	44	1 1
		K. G. L.			
		B.	0		0 0
		P.		44	
15	p	A.	2	61	0 0
		K.	2		
		P.		61	
		G. L.	4		
		B.	0		0 0
16	q	A.	3	34	0 0
		P.		34	
		K.	3		
		G. D. L.	4		0 0
		B.	0		0 0
17	r	A.	3		0 0
		P.		63	
		G.	3		0 0
		D.	4		
		B.	0		
28	ſ	A.	3		0 0
		K. L.	3	54	0 0
		D.	4		0 0
		B.	0		0 0
		G.	4	49	0 0
19	t	A.	2	48	0 0

Ff.		Exemplaires.	Colonnes ombrées.	Hachures de l'architrave.	Moulures de l'abacus.
		P.		60	
		D. G.K. L.	2		0 0
		B.	0		0 0
20	ꝑ	A.	2	32	1 1
		K. L.	2	32	
		G.	2	34	
		P.		40	
		D.	2		0 0
		B.	0		0 0
21	.a.	A.	2	48	1 0
		K.	2	40	0 0
		L.	2	39	0 0
		G.	2	32	0 0
		B.	0		0 0
		P.		53	
22	.b.	A.	2	35	1 1
		P.		33	0 0
		K. L.	2		
		B.	0		0 0
		G.	2		1 1
23	.c.	A.	2	47	1 1
		P.		46	
		K.	2	38	
		G.	2	33	1 1
		L.	4	38	1 1
		B.	0		0 0
24	.d.	A.	2	35	1 1
		P.		34	
		K.	2	27	0 0
		L.	4	40	1 1
		G.	4	21	1 1
		B.	0		0 0
25	.e.	A.	3	58	1 1
		P.		61	
		K.	3	47	0 0
		L.	3	46	0 0
		G.	3	50	1 1

Ff.		Exemplaires.	Colonnes ombrées.	Hachures de l'architrave.	Moulures de l'abacus.
		B.	0		0 0
26	.f.	A.		44	1 0
		P.		44	
		K.	3	39	0 0
		L.	3	37	0 0
		G.	3	42	
		B.	0		0 0
		D.	4		
27	.g.	A.	3	50	1 1
		P.		58	
		K. L. G.	3		
		B.	0		0 0
		D.	4		
28	.h.	A.	3	38	1 1
		P.		38	
		K.	3	35	0 0
		L.	3	33	0 0
		G.	3	37	
		B.	0		0 0
29	.i.	A.	2	59	0 0
		P.		57	
		K. L.	4	42	1 1
		G.	2	52	
		B.	0		0 0
30	.k.	A.	2	39	1 1
		P.		37	
		K. L.	4		
		G.	2		
		B.	0		0 0
31	.l.	A.	3	62	1 1
		K.	3	46	
		L.	4	41	
		G.	3	51	
		B.	0		0 0
32	.m.	A.	3	42	0 0
		P.		47	
		K.	3	36	0 0

Ff.	Exemplaires.	Colonnes ombrées.	Hachures de l'architrave.	Moulures de l'abacus.
	L.	4	38	1 1
	G.	3	37	1 1
	B.	0		0 0
33 .n.	A.	2	45	1 1
	K. L.	3	43	0 0
	G.	2	59	
	B.	2		0 0
	D.	4		
34 .o.	A.	2	35	1 1
	P.		35	
	K. L.	2	30	0 0
	G.	2	35	0 0
	B.	4		0 0
35 .p.	A.	3	55	0 0
	K. L.	3	50	
	G.	3	53	
	B.	4		1 1
36 .q.	A.	3	36	1 1
	K.	3	32	0 1
	G.	3	38	1 1
	L.	3		0 1
	B.	4		0 0
37 .r.	A.	3	57	0 0
	K. L.	4	43	
	G.		65	
	B.	4		1 1
38 .f.	A.	3	39	1 1
	K.	4	41	
	L.	3	42	
	G.	3		
	B.	4		1 1
39 .t.	A.	3	63	1 1
	K.	4	32	
	L.	3	62	
	G.	3	57	
	B.			1 1
40 .b.	A.	3	40	1 1

Exemplaires.	Colonnes ombrées.	Hachures de l'architrave.	Moulures de l'abacus.
K.	4	30	
L.	3	42	
G.	3	38	
H.		27	
W.		25	
B.	4		

Il resulte de ce tableau qu'aucun des exemplaires indiqués n'appartient dans son ensemble à la même édition. Cependant comme les renseignemens ne sont pas complets sur chaque exemplaire et que d'ailleurs des feuillets de la même édition peuvent avoir et ont été réellement glissés dans quelques exemplaires, nous allons résumer les indications du tableau qui s'accordent sur quelques uns d'entre eux et complèter, par des renseignements accessoires, les différences qui peuvent s'y remarquer.

Trois exemplaires sont parfaitement dissemblables :

A. *Print-room.*—Le travail de la gravure est plus délicat, il a en général trois colonnes ombrées avec la 4e blanche ; de même que dans le *Speculum,* qui n'a que trois colonnes, la 3e à droite est toujours blanche.

G. *Grenville.*—C'est une copie par un graveur beaucoup moins habile que celui de l'original. Un certain nombre de colonnes sont ombrées par des lignes très obliques tandis que dans toutes les autres éditions les lignes d'ombre sont horizontales.

B. *Bodléien.*—Copie plus grossière encore de l'original, a généralement les quatre colonnes blanches. Les moulures de l'abacus des deux colonnes centrales sont carrées, quand elles sont rondes ou triangulaires dans les autres éditions.

F

Résumé des Ressemblances entre les Exemplaires.

Ff.		Col. ombrées.	Hach. de l'architr.	Moul. de l'abacus.	Exemplaires.
4	d	4		1 1	G. K. B.
5	e	4			G. K. L. D.
6	f	3	28		K. L.
7	g	4			G. D. K. L.
8	h	4			G. D.
			24		K. L.
10	k	3			G. D.
		4	26		K. L.
15	p	4			G. L.
16	q	4		0 0	G. L. D.
17	r	3		0 0	A. G.
18	f	3	54		K. L.
19	t	2		0 0	G. K. L. D.
20	v	2	32		K. L.
22	.b.	2		0 0	K. L.
27	.g.	3			G. K. L.
29	.i.	4	42	1 1	K. L.
30	.k.	4			K. L.
33	.n.	3	43	0 0	K. L.
34	.o.	2	30	0 0	K. L.
35	.p.	3	50		K. L.
36	.q.	3	32	0 1	K. L.
37	.r.	4	43		K. L.

F. 4 d K. Le rouleau supérieur gauche est ombré sous le nom **david**. Il est blanc dans G. L. B.

B. Le texte est encadré par une ligne ; ce qui n'existe dans aucun des exemplaires G. L. Le dais à gauche n'est par ombré. L. ne peut être confondu avec G. dont la gravure est beaucoup plus grossière.

5 e G. Portes et fenêtres de la tour à droite noires ; A. K. L. seulement ombrées. Il ne reste donc de doute que entre K. = L. et G. = D. réciproquement.

F. 6 f Le nombre des colonnes ombrées et celui des hachures étant le même, K. et L. sont probablement identiques.

7 g G. Fenêtre triangulaire du diptyque supérieur ombrée ; elle est blanche dans L. K. = L. et probablement G. = D. sont réciproquement identiques.

8 ħ G. et D. probablement identiques, de même que K. et L. réciproquement.

10 k G. = D. peut-être identiques ? Les moulures rondes du pignon à gauche sont ombrées au centre ; K. ces moulures sont ombrées ; L. elles sont noires au centre et forment croissants tournés l'un à droite, l'autre à gauche.

15 p G. Le nimbe du Christ porte des boutons entre les croisillons ; L. pas de boutons.

16 q G. = D. peut-être identiques ? L. se distingue par une gravure plus habile.

17 r A. dessin de la moulure de l'abacus différent de G.

18 f K. = L. identiques. 6 hachures sur le toit à gauche, dans les autres éditions, 2 et 4 hachures seulement.

19 t G. Pavé mosaïque au centre. K. = L. peut-être identiques ?

20 b K. = L. identiques.

22 .b. K. = L. do. ?

27 .g. K. = L. compartiments supérieurs séparés par une seule ligne ; G. par une double ligne, comme A.

29 .i. K. L. identiques.

30 .k. K. L. do. ?

33 .n. K. L. do. sans points avant et après la signature n.

34 .o. K. L. do. do.

35 .p. K. L. do. cassure commune, rouleau inférieur à gauche.

36 .q. K. L. do.

37 .r. K. L. do. sans points avant et après la signature r.

Toutes les fois que les éditions offrent les différences que nous avons signalées, elles en pré-

sentent en outre beaucoup d'autres qu'il serait
superflu d'énumérer ici. Il resulte des tableaux
précédents que les ff. entre lesquels nous n'avons
pas constaté de différence remarquable sont :

King's Library ⎫ ff. 5, 6, 7, 8, 18, 19, 20, 22, 27, 29,
Lucca .. .. ⎭ 30, 33, 34, 35, 36, et 37.

Ainsi plus de la moitié des ff. de ces deux
exemplaires sont différents, et ils ne peuvent par
conséquent être considérés comme appartenant à
la même édition. Les exemplaires des collections
Grenville et Douce ont aussi quelques ff. identiques savoir : ff. 5, 7, 8, 10, 16.

Si nous rangeons les différentes éditions latines
suivant l'habileté des copistes qui ont imité l'original nous aurons :

1e Edition. (A) Print Room — Duc d'Aumale.
2e ,, (K) King's Library.
3e ,, (L) Lucca.
4e ,, (G) Grenville.
5e ,, (D) Douce.
6e ,, (B) Bodléienne.
7e ,, (P) Six. Holford.
8e ,, Vienne, sans signatures, indiquée par Heineken.
9e ,, Wolfenbuttel, œuvre d'un autre artiste, avec 50 planches.
10e ,, Marbach, s'il faut en croire la description donnée dans "Aehrenlese aus dem Felde der Kunst, Leipzig. 8°. p. 87," le premier alphabet des signatures de cette édition serait suivi d'un point, le second de deux excepté u o r s. Moyse porterait deux cornes sans la tiare ? (f. 35), et toutes les moulures de l'abacus à gauche seraient uni-formes et sans ombres.

Fragment de la Bible des Pauvres inséré par Peter Van Os,
dans la " Passye " de 1489.

Le nombre des hachures de l'architrave centrale dans les blocs sciés par Peter Van Os, et in-
troduits dans la "Passye" de 1489, est le seul
point de comparaison qu'il ait été possible d'ob-
tenir d'une édition spéciale dont M. Six Van Hilleghom d'Amsterdam a un exemplaire complet.   Il
resulte de cette comparaison que 6 ff. (13, 14, 15,
16, et 34), présentent le même nombre de hachures
que A. 5 ff. (11, 19, 22, 29, 30) offrent une différence de 2 hachures avec la même édition A.   Les
ff. suivants diffèrent de ; f. 20, 8 h.; 21, 5 h.; 32,
5 h.   Ces deux éditions ne sont donc pas identiques.   La place de l'édition sciée par Van Os ne
peut être marquée avec quelque certitude que par
la triple vérification employée ci-dessus pour les
exemplaires du British Museum et de la bibliothèque Bodléienne.

Le bonnet d'Aaron vulgairement la tiare de
Moyse, f. 35, p. porte ainsi :

1e Edit.	Une petite flamme à double pointe inclinée à droite.		
			[Il est ombré.
2e „	do.	do.	Sans ombres.
3e „	Une sorte de fleur avec une feuille à droite.		do.
4e „	Une double flamme inclinée à droite.		Il est ombré.
5e „	Un bouton.		do.
6e „	Rien au dessus.		do.
7e „	Un croissant.		do.

L'édition dont l'exemplaire unique est à Wolfenbüttel a été executée par un artiste allemand,
avec 10 planches de plus que les autres éditions.
Les personnages et la disposition du sujet sont les
mêmes que dans les éditions d'origine hollandaise,

mais les attitudes et la manière de l'artiste sont
tout différents. Voici l'énumération des 10 planches
supplémentaires :

F. 1 𝕬   Naissance de la vierge : Sicut spina rosam genuit.
  2 𝕭   Mariage de la vierge : Est desponsata Joseph hec
         virgo beata.
  3 𝕮   F. 1. a. 1ᵉ Edition.
  4 𝕯   La visitation : Hec neptem visitat infans gaudendo
         insultat.
  5 𝕰   F. 2. b. 1ᵉ Edition.
  6 𝕱   La circoncision : Observando legem Ihesus patitur
         lesionem.
  7 à 17, les mêmes que ff. 3 à 13 de la 1ᵉ édition.
 18 𝕾   Le Christ pleurant sur Jerusalem : Christus deplorat
         locum gemitibus orat.
 19 à 27, les mêmes que ff. 14 à 22 de la 1ᵉ édition.
 28 c   La flagellation : Pelle tum plagas pro nobis sufferens
         istas.
 29 d   Le couronnement d'épines : Pro corona nobis celestia
         dona.
 30 et 31, les mêmes que ff. 23 et 24 de la 1ᵉ édition.
 32 g   La mise en croix : Heu sic confixus sit pius et
         benedictus.
 33 et 34, les mêmes que ff. 25 et 26 de la 1ᵉ édition.
    k   La descente de croix : Hic propter fertum optat
         deponere christum.
 36 l   Le corps de Jesus sur les genoux de la vierge :
         Fasciculum mirre puto dilectum redolere.
 37 à 50, les mêmes que ff. 27 à 40 de la 1ᵉ èdition.

Les signatures de cette édition sont un alphabet
de capitales gothiques de 𝕬 à 𝖅, plus 𝕵 et ℰ, pour
les 25 premiers ff., et un second alphabet de mi-
nuscules gothiques de a à ʒ, plus 𝕵 et ℰ, pour les
25 derniers ff.

Le seul exemplaire connu de cette édition était
dans la bibliothèque de Wolfenbüttel lorsqu'il a

été décrit par Heineken ; il a depuis fait le voyage
de Paris, mais nous le croyons retourné à Wolfenbüttel depuis 1815.

Fragment de la Bible des Pauvres inséré par Peter Van Os,
dans la " Passye " de 1489.

Armen-bibel — Bible des Pauvres allemande.

L'édition de 1475, exécutée par Hans Sporer, est anopistographique, et se compose de 40 ff., formant un seul cahier de 20 ff. doubles, sur lesquels on a imprimé le 1ᵉʳ f. avec le 40ᵉ, le 2ᵉ avec le 39ᵉ, et ainsi de suite.

Les quatre premiers feuillets manquent à l'exemplaire du British Museum que nous décrivons :—

Ff.		Ff.	
1 L'annonciation.	a	40	Le couronnement de l'âme. Der herr ist vszgangē ‖ Er hat mir geczieret.
2 La nativité.	b	39	Les âmes dans le giron. Jr gerechten frewent ‖ Sy riengent an ze.
3 L'adoration des mages.	c	38	L'enfer. Der knecht der wirt ‖ Sein haff ist un ver ‖.
4 La purification.	d	37	Le dernier jugement. Der herr wirt rich ‖ Gott wirt richten.
5 La fuite en Egypte. Nym war fluchent ‖ Nym war der her ‖.	e	36	Le couronnement de la vierge. Dem angesicht be ‖ Wer ist die die.
6 Les idoles brisées. Er wirt zersprochen ‖ Ich wirt toten ausz ‖.	f	35	La pentecôte. Mit dem wort des ‖ Der gaist des herrn.
7 Le massacre des innocents. Ein ungerechter fu ‖ Herr gott rich dz ‖.	g	34	L'ascension. Der herr ist vf ge ‖ Nym war der ist.
8 Le retour d'Egypte.	(*)	33	Thomas incrédule.

* La signature h manque.

Herre gott such ‖ Aus egypt-
en han ‖.

9 Le baptême de Jesus.
Uw erden schopffen ‖ Ir sol-
len lob sagen.

10 La tentation de Jesus.

Sy haben mich ver ‖ verkort
· ist ir ge ‖.

11 La resurrection de Lazare.
Ich wird toten vnd ‖ Herr
du hast ab.

12 La transfiguration.
Wol gestalt fur die ‖ Ir lin
dein liecht ist.

13 La Madeleine lavant les
pieds de Jesus.
Ein rewigs vnd gede ‖ Inn
welcher stund.

14 L'entrée à Jerusalem.
Ir sun von syon ir ‖ Die doch-
ter von sy.

15 Les marchands chassés du
temple.
Ich wurd sy ausz werff ‖ Die
seins haus hat mich lieb.

16 Le conseil des prêtres.
In jren rat kumpt ‖ In dem
da sy zesamē ‖.

17 Judas recevant l'argent.
Sein tag werden we ‖ mitt
erhebten augen ‖.

18 La cène.
Der mensch hat ge ‖ Ir sollt
kumen vnd.

19 Jesus apparaît à ses disciples.
Standen vff vnnd gan ‖ Ir
kinder ir sollent.

Ich han bi gesehen ‖ Herr baker
vnns zu.

i 32 Le retour de l'enfant prodigue.
Du wurst mich er ‖ Der herr
erscheint.

k 31 Jesus apparaissant à la Madeleine.
Herr du wirt nich ‖ Mein hercz
hat sich.

l 30 L'ange assis au tombeau.
Ir sollt suchen den her ‖ Das
hercz der die.

m 29 La resurrection.
Der herr ist erkuckt ‖ Juda
mein Sun ist.

n 28 La descente aux limbes.

Er hat erkunst die ‖ O tod ich
wurd.

o 27 L'ensevelissement.
Inn fried ist gemacht ‖ Ich
schlaff vnd in ‖.

p 26 La crucifixion.

Sye haben zugelegt ‖ Was sein
die schlag.

q 25 Jesus en croix.
Sie haben ergraben ‖ Er ist uf
geopffert w ‖.

r 24 Jesus portant sa croix.
Ich bin gesurt su dem ‖ Ich
sach auff vmb.

ſ 23 Le couronnement d'épines.
Alle die mich haben ‖ Es seyen
gemacht je.

t 22 Pilate se lave les mains.
Das recht gericht ‖ Auff nemen
jnn dem.

F.
20 Jesus au Jardin des Olives.   ♭

Nem war dz ist der ‖ Wir
begerten den.

F.
21 Le baiser de Judas.

Der mensch meine s ‖ Der sei
zungen.

Au bas du 40ᵉ f. on lit : "lemlin cristum der die vnsch ‖ uldigen seel ist crönen," &c.

Puis un écusson portant un éperon sur une triple montagne, armes parlantes de Hans Sporer, et la date 1ᚼᚪ7 (1475).

Bible des Pauvres italienne. Opera nova contemplativa.

Ce livre xylographique, exécuté au commencement du XVIᵉ siècle, se compose de 63 ff. opistographiques in-8°, imprimés à la presse, à l'encre noire avec signatures de 𝕬 à 𝕳, et d'un f. blanc, en tout 64 ff.

Ff.	Sign.	
1ᵃ		Opera noua contemplativa p‖ogni fidel christiano laquale tra‖tta de le figure del testamento ‖ vecchio ; le quale figure sonno veri‖ficate nel testamento nuouo.—ᵇ Blanc.
2ᵃ	𝕬 II.	Gédeon et la toison.—ᵇ L'annonciation.
3ᵃ	𝕬 III.	La tentation d'Eve.—ᵇ La reine de Saba.
4ᵃ	𝕬 IIII.	La nativité.—ᵇ La verge d'Aaron.
5ᵃ		Abner et David.—ᵇ L'adoration des mages.
6ᵃ		Moyse et le buisson ardent.—ᵇ L'offrande au temple.
7ᵃ		La circoncision.—ᵇ Samuel présenté au temple.

Ff.	Sign.	
8ᵃ		Jacob béni par Isaac.—ᵇ La fuite en Egypte.

Ff. Sign.

8ᵃ — Jacob béni par Isaac.—ᵇ La fuite en Egypte.

9ᵃ 𝕭. — David poursuivi par Saul.—ᵇ Le veau d'or.

10ᵃ 𝕭 II. — La chute des idoles.—ᵇ L'arche brise la statue de Dagon.

11ᵃ 𝕭 III. — Saul fait tuer les prêtres.—ᵇ Le massacre des innocents.

12ᵃ 𝕭 IIII. — Athalie fait tuer les enfants d'Achab.—ᵇ David en prière.

13ᵃ — Le retour à Jerusalem.—ᵇ Le retour de Jacob.

14ᵃ — Le passage de la mer rouge.—ᵇ Le baptême du Christ ; sans texte au dessus.

15ᵃ — Le raisin miraculeux.—ᵇ La vente du droit d'ainesse.

16ᵃ — La tentation dans le désert ; sans texte au dessus. ᵇ La tentation d'Adam.

17ᵃ 𝕮. — Hélie et l'enfant de la veuve.—ᵇ La resurrection de Lazare.

18ᵃ 𝕮 II. — Helisée resuscite l'enfant.—ᵇ Abraham et les trois anges.

19ᵃ 𝕮 III. — La transfiguration.—ᵇ Les 3 enfants dans la fournaise.

20ᵃ 𝕮 IIII. — Nathan et David.—ᵇ La Madeleine.

21ᵃ — Moyse et Marie.—ᵇ La tête de Goliath.

22ᵃ — L'entrée à Jerusalem.—ᵇ Helisée et les fils des prophètes.

23ᵃ — Darius et Esdras.—ᵇ Les marchands chassés du temple.

24ᵃ — Judas Machabée.—ᵇ Le messager avec la tunique de Joseph.

25ᵃ 𝕯. — Les conseillers.—ᵇ La couronne offerte à Absalon.

26ᵃ 𝕯 II. — Joseph vendu par ses frères.—ᵇ Judas vendant Jesus.

27ᵃ 𝕯 III. — Joseph acheté par Putiphar.—ᵇ Melchisedech et Abraham.

28ᵃ 𝕯 IIII. — La cène.—ᵇ La manne dans le désert.

29ᵃ — Le roi de Samarie et Michée.—ᵇ Jesus avec ses disciples.

30ᵃ — Le roi de Samarie fait tuer Hélisée.—ᵇ Joab poignarde Abner.

Ff. Sign.

31ª Le baiser de Judas.—ᵇ Triphon et les hommes d'Israel.

32ª Les vierges folles.—ᵇ Jesus et ses gardiens endormis.

33ª ℭ. La chute de Lucifer.—ᵇ Jesabel veut faire tuer Hélie.

34ª ℭ II. Jesus devant Caïphe.—ᵇ Daniel et Nabuchodonosor.

35ª ℭ III. Noé et la vigne.—ᵇ La couronne d'épines.

36ª ℭ IIII. Hélisée et les enfants.—ᵇ Isaac portant le bois.

37ª Jesus portant la croix.—ᵇ La veuve de Sarepta.

38ª Le sacrifice d'Abraham.—ᵇ La crucifixion.

39ª Le serpent d'airain.—ᵇ La création de la femme.

40ª Jesus en croix.—ᵇ Moyse fait jaillir l'eau du rocher.

41ª 𝔍. Joseph mis dans la citerne.—ᵇ L'ensevelissement.

42ª 𝔍 II. Jonas jetté à la baleine.—ᵇ Goliath tué par David.

43ª 𝔍 III. La descente aux limbes.—ᵇ Samson et le lion.

44ª 𝔍 IIII. Samson et les portes de Gaza.—ᵇ La resurrection.

45ª Jonas rejeté par la baleine.—ᵇ Ruben à la citerne.

46ª Les anges au tombeau.—ᵇ L'ami perdu.

47ª Daniel dans la fosse aux lions.—ᵇ Jesus apparaît à la Madeleine.

48ª L'épouse et l'époux.—ᵇ Joseph et ses frères.

49ª 𝔊. Jesus apparaît à ses disciples.—ᵇ L'enfant prodigue.

50ª Gédéon et l'ange.—ᵇ Thomas incrédule.

51ª 𝔊 III. Lutte de Jacob et de l'ange.—ᵇ Enoch enlevé au ciel.

52ª 𝔊 IIII. L'ascension.—ᵇ Elie dans le char de feu.

53ª Les tables de la loi.—ᵇ La pentecôte.

54ª Le sacrifice d'Elie.—ᵇ Salomon et sa mère.

55ª La vierge couronnée.—ᵇ Esther et Assuérus.

56ª Le jugement de Salomon.—ᵇ Le dernier jugement.

57ª 𝔥. Saul fait tuer le messager.—ᵇ Dathan et Abiron.

58ª 𝔥 II. L'enfer.—ᵇ Sodome en feu.

59ª 𝔥 III. Les enfants de Job.—ᵇ Les âmes au giron.

60ª 𝔥 IIII. L'échelle de Jacob.—ᵇ Le couronnement de l'âme.

61ª Le couronnement de l'épouse. Le texte est en lettres romaines, et le fonds des deux prophètes n'est pas évidé dans les exemplaires de la Bodléienne et du British Museum.—ᵇ L'ange et S. Jean.

Ff.
62ᵃ   Blanc.— ᵇ *Colophon :* Opera di Giouāni andrea ‖
        Vavassore ditto Uadagni ‖ no : Stampata noua-
        mete ‖ nella inclita citta di ‖ Vinegia ‖ Laus
        deo. ‖

63ᵃ   Blanc.— ᵇ Vierge assise sur un trône, Jesus debout
        sur son genou, deux anges suspendent une cou-
        ronne sur la tête de la vierge. A sa droite un
        ange joue de la flûte, à gauche un autre joue de
        la mandoline. Le tout encadré d'une bordure
        noire à lacs d'amour blancs.

M. Libri, dans le catalogue de sa collection
reservée (Londres, 1862, in 4°. p. 118 et s.) a
décrit trois éditions différentes de l'" opera nova."
La première dont tout le texte est en lettres
gothiques, y compris l'inscription du f. 61ᵃ
♄ V.

La deuxième édition serait celle décrite ci-
dessus, et dont le British Museum possède un
exemplaire.

Enfin dans la troisième édition décrite par
M. Libri, Nº. 571 de son catalogue, l'inscription
au bas de la planche f. 37ᵃ ₵ V., est également
en caractères romains tandis qu'elle est en lettres
gothiques dans l'exemplaire du British Museum.

Il existe d'ailleurs entre ces trois éditions des
différences assez grandes pour faire supposer
qu'un assez grand nombre de leurs planches,
sinon la totalité, a été gravé de nouveau.

Nous ignorons sur quel fondement M. T. O.
Weigel, dans son " Verzeichnisz der xylogra-
phischen Bücher," donne l'" opera nova " comme
un livre typographique. Il n'est pas douteux

que le texte de ce livre est entièrement xylographique, aussi bien que les gravures dont il
est illustré.

Les Calendriers xylographiques. Le Planétaire allemand.

Il se compose de 8 ff. opistographiques, imprimés probablement au frotton et à la détrempe.

Chaque page porte 12 lignes de texte rimé, et au dessous une gravure. La figure emblématique de la planète elle-même est imprimée au verso de chaque feuillet, le recto du f. suivant porte les figures emblématiques des influences de cette planète sur la destinée des hommes. La figure que nous reproduisons ici est celle qui correspond aux influences de Mercure.

F. 1ᵃ Blanc.

    1ᵇ Saturnus ain Stern bin ich genannt ∴ &c. ; au dessous la figure emblématique de la planète.

    2ᵃ Min kinde sind frech blaich rürrt vnd kalt ∴ &c. ; au dessous la gravure emblématique des influences de Saturne.

    2ᵇ Jupiter sal ich nennen mich ∴ &c.   Figure de Jupiter la foudre à la main, &c.

    3 Manque dans l'exemplaire du British Museum. C'est-à-dire : au recto, les influences de Jupiter; et au verso la figure et la description de Mars.

    4ᵃ Alle min geborne Kind ∴ &c.   Les influences de Mars sont illustrées par deux hommes qui se battent au poignard, &c.

    4ᵇ Die sunne man mich haiszen sol ∴ &c.   Apollon couronné de la couronne impériale, &c.

    5ᵃ Ich bin glücklich edel vnd fin, &c.   Influences de la planète : David joue de la harpe devant Saul, &c.

    5ᵇ Venus der funfte planet sin, &c.   Figure de Venus conronnée de fleurs, &c.

F. 6 Manque, et, par conséquent, le développement des influences de Vénus, et au verso la figure emblématique de Mercure.

7ᵃ Getrüw behend ich gern lern, &c., et la figure suivante des influences de Mercure :

7^b Der mon der letst planet nasz, &c. Gravure représentant Diane une torche à la main droite, un cor
dans la main gauche, &c.

8^a et dernier : Der sterne wurken gat durch mich, &c.
Dans la gravure au dessous on voit un pêcheur, un
oiseleur, un meunier qui fait rentrer son âne au
moulin, &c.

8^b Blanc.

Calendrier allemand de Jean de Gmunden.

In-fol. opistographique, redigé en 1439, imprimé plus tard. La planche originale de ce
Calendrier qui existe encore à Gotha a un pouce et
demi d'épaisseur, 10 po. 3 li. de hauteur, et 14 po.
3 li. de largeur. Elle se trouvait il y a peu de
temps encore dans la collection Derschau à Nüremberg. On en trouve une impression dans
l'histoire de l'imprimerie du Dr. Falkenstein.

Chaque mois, surmonté d'une vignette ronde,
forme une colonne. Il y a donc 6 colonnes au
recto et autant au verso du feuillet. Le graveur
a oublié un *a* dans le nom du premier mois
Januarius, qui se trouve écrit *Januri*^{9}.

Au bas de la colonne de fevrier on lit, *Hec
Magister Johannes ‖ de Gamundia.*

Les noms des saints sont au génitif en laissant
sous entendu le mot "dies" ou "feria."

Pour remplir les jours où l'auteur ne pouvait

indiquer le nom d'un saint assez connu, il indique l'octave d'une fête précédente.

Ainsi, immédiatement après le premier Janvier, "Circūcisio dn͞i," on lit au 2 Janvier ; Octava Stephani ; au 3 Janvier, Octā Johannis ; au 4, Octā Innocentis, &c.

Calendrier allemand xylographique de Jean Muller, dit Regiomontanus ou Johann Kunsperck.

Il se compose de 30 ff. opistographiques, in-4°, imprimés à l'encre couleur de rouille.

F. 1ᵃ Blanc.—ᵇ Table de la nouvelle et de la pleine lune divisée en 3 colonnes, la première porte 1475 ; la 2ᵉ, 1494 ; la 3ᵉ, 1513.

    2 Janer. 1ᵉ col. jours du mois ; 2ᵉ, lettre dominicale ; 3ᵉ, jours des ides et calendes ; 4ᵉ, fêtes des saints ; les octaves des fêtes sont mentionnées comme dans le calendrier de Gamundia. Les deux colonnes suivantes sont consacrées à l'âge du soleil et aux signes du zodiaque ; les quatre dernières aux phases de la lune. Les chiffres sont arabes.

    3 Hornung ; f. 4, Mertz ; f. 5, April ; f. 6, May ; f. 7, Brachmonde ; f. 8, Hewmonde ; f. 9, Augstmonde ; f. 10, Herbstmonde ; f. 11, Weinmonde ; f. 12, Wintermonde ; f. 13, Cristmonde ; f. 13ᵇ, Tauel der lande vnd stete. Cette table des pays et des villes commence par Hibernya et finit par Italia.

    14 Table des eclipses de lune et de soleil, avec figures.

Cette table, qui comprend jusqu'au 18ᵉ f. inclusive-
ment, commence par l'année 1475, et va jusqu'à 1530.

19 "Vonn der gulden zal;" au second tiers de la page,
"Von dem suntag puchstabe." Au revers: "Von
den beweglichen festen." Cette dernière table con-
tinue jusqu'au verso du 20ᵉ f.

21 "Wie mā dē newē mōde vnd volmonde," &c.   33 lignes
de texte sur chaque page de ce feuillet.

22ᵃ "(N) Ach diser tauel der lande vnd stette sind‖verc-
zaichet," &c.   33 lignes.

22ᵇ "Vom waren lauff der sunnen‖"

23 Vom waren lauf des mondes, &c.   33 lignes de texte
jusqu'au f. suivant,

24ᵇ Au bas du quel on lit: "Tauel ze wissen des tags
lenge:" cette table se termine au verso du f. 25.

26 "Wie man an sunnur machen sol" (38 lignes).   Le
sujet se termine

27ᵃ A la 12ᵉ ligne de ce f. commence un autre chapitre:
Von maingerlai verwandlung der stüden.   A la fin
de 27ᵇ on lit: Magister Johann von Kunsperck.

28ᵃ "Ein instrument der verwandlung der stunden:" et
figure de l'instrument.

28ᵇ "Ein instrument der rechten‖bebegung des mondes,"
&c., et figure de l'instrument.

29ᵃ "Ein quadrant gegen dem‖auffgangk der sunnen;" et
figure de l'instrument.

29ᵇ "Der gemein quadrant,"‖et figure de l'instrument.

30ᵃ L'homme zodiaque avec cette inscription:

Der lotz man mit   den zwelft zeiche
Zu weler yedlis   dint im mēschñ.

30ᵇ Blanc.

Un exemplaire de ce Calendrier se trouve au
British Museum, et deux autres dans les biblio-
thèques Royales de Dresde et de Munich.

Calendrier xylographique de Mayence.

8 ff. opistographiques, imprimés à l'encre noire ordinaire au moyen de la presse.

F. 1ᵃ " Getruck zu Mentz."

Au dessous est une rosace avec figure du soleil au milieu et autour les chiffres romains ɪ. à xɪx. De chaque côté deux écussons : celui de gauche a en chef trois montagnes portant chacune un trèfle et au dessous une porte de ville. L'écusson de droite est blanc. Au bas de la rosace à gauche sont les 2 lettres **N Ɔ** qui forment peut être le monogramme du graveur. On lit au dessous les cinq lignes suivantes :

" Item In dem aussern zirkel vindestu ‖ die gulden zal In dem amdern sun ‖ tag buschstab In dem dritten schal ‖ iar Leghin 93 Jar heb an zu zelen ‖ bey dem Creutzlin."

F. 1ᵇ Les images de saints des principales fêtes ; les jours de la semaine en chiffres runiques ; au bas, une petite gravure du verseau en médaillon ; puis l'adoration des mages avec l'inscription *Jenner* xxxj.

2ᵃ Même disposition ; le signe des poissons et gravure d'un homme qui fend du bois, tandis qu'un autre se chauffe : *Hornūg* xxviij.

2ᵇ Série analogue : Le Bélier ; un bucheron, un faneur : *Mertz* xxxɪ.

3ᵃ Do. : Le Taureau ; deux bucherons : *Apprill* xxx.

3ᵇ Do. : Les Gémeaux ; deux amants, un homme et une femme au bain dans la même cuve : *May* xxxɪ.

4ᵃ Do. : Le Cancer ; un laboureur et son aide : *Brachmon* xxx.

4ᵇ Do. : Le Lion ; un faucheur une rateleuse ; *Heumon* xxxɪ.

5ᵃ Do. : La Vierge ; moissonneurs : *Augstmon* xxxɪ.

5ᵇ Do. : La Balance ; un semeur avec une herse : *Herbstmon* xxxɪ.

F. 6ᵃ Do.: Le Scorpion ; vendangeurs : *Weinmon* xxxi.

6ᵇ Do.: Le Sagittaire ; un gardeur de porcs : *Wintermon* xxx.

7ᵃ Le Capricorne ; la nativité : *Cristmon* xxxi.

7ᵇ Influences du zodiaque sur le corps de l'homme.

8ᵃ Table des lettres dominicales.

8ᵇ Table des épactes.

Au dessous : " Die vierd goltfast is albeg Am nechste ‖ Mittwoch nach sand luden tag."

Un exemplaire de ce Calendrier est conservé au British Museum (Nᵒ 845, a. 20).

Calendrier allemand de Conrad Kacheloven.

10 ff. opistographiques, imprimés à la presse et à l'encre d'impression ordinaires, hauteur de la gravure, 4 po. sur 3 po. de large.

F. 1ᵃ Blanc.

1ᵇ Rosace à deux cercles concentriques avec les lettres dominicales. On lit au dessous en lettres gothiques capitales

Cunradt Kachelouen.

2ᵃ Rosace à 3 cercles concentriques. Dans le cercle extérieur les épactes de 1 à 19 ; au milieu chiffres 12 et 13 alternativement ; dans le cercle intérieur chiffres alternés et répétés de 0 à 9.

2ᵇ Table du nombre d'or "gulde" 1ᵉ rangée : "vbrig tag" 2ᵉ rangée : "suntag, buch⸗ ‖ Stab."

3ᵃ Rosace à 2 cercles concentriques ; dans l'intérieur sont les 12 signes du zodiaque : Wider, Ochs, Zwiling, &c.

F. 3^b Les influences du zodiaque sur les diverses parties du corps humain.

4^a Le mois de Janvier : Noms des saints : au dessous leurs figures ou leurs symboles, lettres dominicales, jours de la semaine en chiffres runiques. Lettres de l'alphabet de *a* à *z* et de A à D, correspondant aux 31 jours du mois. Au dessous "*Jenner*," l'image du Verseau et l'adoration des mages.

4^b Février, même disposition : " Hornung," signe des poissons, un homme qui fend du bois, un autre qui se chauffe.

5 et 6 manquent dans l'exemplaire du British Museum ; ils doivent contenir les mois de Mars, Avril, Mai, et Juin.

7^a " Heumon," Juillet ; le signe du Lion et la recolte du foin.

7^b " Augstmon," Août ; le signe de la Vierge ; la moisson.

8^a " Herbstmon," Septembre ; le signe de la Balance, les semailles.

8^b " Winmonet," Octobre ; le signe du Cancer, les vendanges.

9^a " Wintermon," Novembre ; le Sagittaire, un homme qui garde les porcs.

9^b " Cristmon," Décembre ; le Capricorne ; la nativité.

10^a Table des épactes.

10^b Blanc.

Calendrier français bas-breton de 1458.

Ce Calendrier français xylographique, incomplètement décrit par Dibdin (*Ædes Althorp.* vol. ii. p. 308), se trouve dans la bibliothèque de Lord Spencer. C'est un fort petit volume, imprimé sur parchemin, avec des planches de bois, tantôt d'un seul côté tantôt des deux côtés du feuillet. Nous l'avons décrit, p. 79 et ss. du *Bibliophile illustré* de 1863.

18 ff. dont les gravures varient de 3 po. $\frac{5}{8}$ à 3 po. $\frac{4}{8}$ de hauteur sur 2 po. $\frac{4}{8}$ à 2 po. $\frac{5}{8}$ de largeur. Le fac-simile ci-joint d'après un fragment que nous avons découvert au British Museum, et qui manque dans l'exemplaire de Lord Spencer, appartient soit à cet exemplaire soit à une autre édition du même livre ; dans tous les cas il ressemble parfaitement pour la gravure, et la dimension des ff. à l'ouvrage que nous décrivons.

Les inscriptions principales des quatre premiers ff. de ce Calendrier sont en français, en anglais et en bas-bréton.

F. 1ᵃ Phylactère supérieur : E.N.EST . E.N.EAST R.RET-TER. Rosace contenant les phases de la lune ; au centre les lettres (PA) ; Phylactère inférieur : O. S. OEST. W. SOVTHEST. M. CORNOEC.

1ᵇ NORDEST—NORTH-EAST. RIS-RE au centre (IT) ; au bas : SVR OEST—S. WEST ; MERWENT.

2ᵃ EST—EAST ; RETTER. Au centre (DE). Au bas : OEST-WEST ; CORNOVEC.

2ᵇ E. S. EST—E. S. EAST ; R. H. GVEVRET. Au bas : O. N. OEST—W. N. WEST ; G. GORNAOVEC.

3ᵃ NORDWEST—NORDEST ; GOALARN. Au centre (FA). Au bas : SVEST—SOVTH-EAST : GVEVRET.

3ᵇ S. S. E.—MERV. EVRET. Au centre (ICT).

4ᵃ N. N. EST—N. N. EAST ; B. NORT. Au centre (R). Au bas : S. S. OEST—S. S. WEST ; SVMERVENT.

4ᵇ NORT—NORTH ; NORTZ. Centre effacé : ces 4 ff. opistographiques forment le premier cahier.

5ᵃ Blanc.

F. 5ᵇ Phylactère supérieur: ᴇsᴄᴏᴠᴅʀɪʟʟᴇ ᴇɴᴛʀᴇ . . . les D.
q̄ éloignent O : Sōt les lieux. Phylactère inférieur:
. . . . a l'aultre lorle ᴄᴏᴍᴘᴀss.

6ª Blanc.

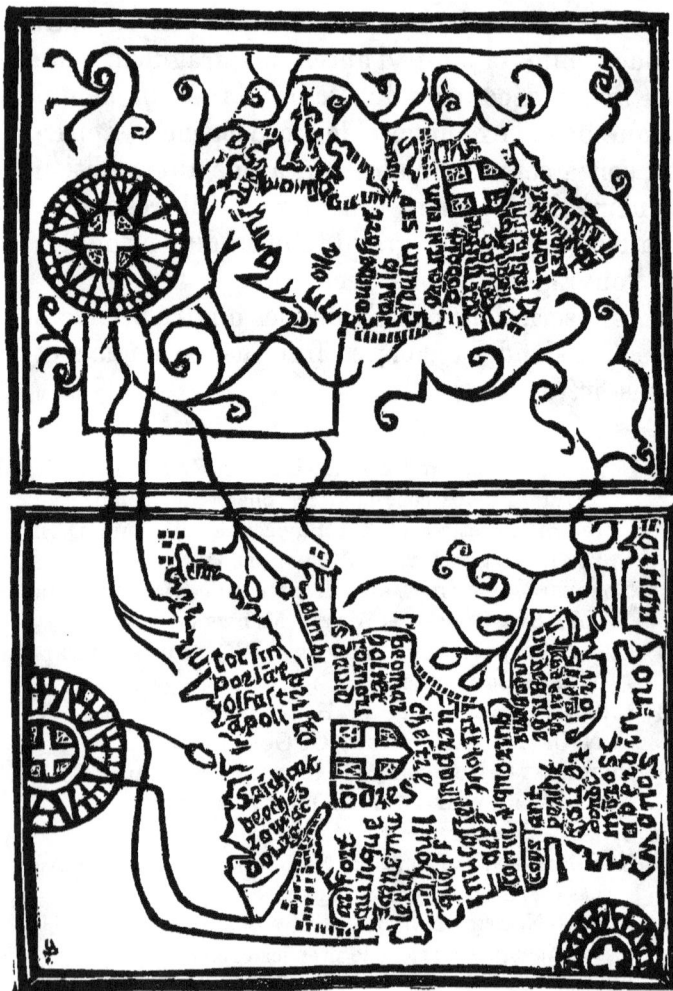

F. 6ᵇ Carte de la Gascogne et de la Baie de Biscaye.   Phylac-
        tère inférieur : bourdeaux Gascoigne liborne.

7ª Carte de Bretagne, une partie de l'Angleterre avec le
      nom de LONDRES ; ROVEN et sa cathédrale ; et la côte
      française de Vannes à Bruges.

7ᵇ Blanc.

8ª Blanc.

8ᵇ ⎱ Ces deux ff. qui forment le milieu du cahier portent une
9ª ⎰ carte d'Angleterre et d'Irlande avec une partie de la
       côte française.

10ª Blanc.

10ᵇ Calendrier imprimé rouge et noir où se lisent entre
       autres dates celles des années 1459, 1461, 1460, 1466,
       1467.

11 Suite du calendrier précèdent terminé par la date 1458
      en rouge.

12ª Calendrier des mois I et F (Janvier et Février) avec
       runes, sphères armillaires, têtes et symboles de saints.

12ᵇ Blanc.   Ces 8 ff. (5 à 12) forment le 2ᵉ cahier du livre.

13ª "Pour savoir combien de lieux chacun degré de longi-
       tude contient," &c.

13ᵇ Blanc.

14ª Calendrier des mois de M et A (Mars et Avril).

14ᵇ Blanc.

15ª Calendrier des mois de M et I (Mai et Juin).

15ᵇ Blanc.

16ª Calendrier de I et A (Juillet et Août).

16ᵇ Blanc.

17ª Calendrier de S and O (Septembre et Octobre).

18ª Blanc.

18ᵇ Calendrier de N et D (Novembre et Décembre).

Autre Calendrier français bas-breton.

1 f. in-fol. replié de manière à former 8 pages, sur parchemin, imprimé à la presse.

Ce Calendrier se trouve au département des MSS. du British Museum (Sloane, 966).

Les mois y sont représentés par leurs initiales et un symbole de la manière suivante : I (Janvier), une table ; F (Février), une pelle ; M (Mars), une houe ; A (Avril) des fleurs ; M (Mai), un arbre ; I (Juin) des cisailles ; I (Juillet) une faux ; A (Août) une faucille ; S (Septembre), un fléau ; O (Octobre), une houe plus petite que celle de Mars ; N (Novembre), un couteau ; D (Décembre), un tonneau.

Sur la première page est un calendrier en forme de rosace ; aux quatre coins les noms des quatre évangélistes ; au centre la devise, " Voter et Oter." Le verso de cette page est blanc. Sur la deuxième page commence la suite des mois avec des têtes de saints assez bien gravées. Sur la 3e page, à la 2e ligne, est un étendard blanc à croix rouge ; sur la 6e page, 2e ligne, une fleur de lys au-dessus de la fête " Dyonisii," et à la fin un étendard blanc à croix noire (Celui de St. Yves, le saint bas-breton qui fut canonisé en 1347). Sur la 7e page où se termine le calendrier on lit : " Ab origine mundi . . . . vij." Au dos de chacune des pages de la moitié du calendrier sont des rosaces dans la première des quelles on lit, " fait de par," et dans chacune des suivantes une des lettres capitales G. BROVSCON enfin dans les deux dernières " du " " conquet." Ce qui permet de supposer que le graveur ou le redacteur de ce calendrier se nommait G. Brouscon, et qu'il habitait le port du Conquet non loin de Brest.

Le Cantique des Cantiques.

16 ff. in-fol. anopistographiques ; imprimés au frotton à l'encre à la détrempe, couleur de rouille ; comprenant ensemble 32 gravures separées, à deux sur chaque page.

F. 1 (1ᵉ édition) Dit is die voersinicheit vā mariē der modʳ godes Eñ is gehetē in latij cātic ‖

    ¹ Gravure supérieure.   Premier phylactère à gauche. Osculetʳ me osculo oris sui q'a meliora sunt vbera tua vino, &c.

    ² Gravure inférieure.   Caput tuū vt carmel⁹ collū tuū sicut turris eburnea . . . .

2ᵃ ¹ Trahe me post te currem⁹ in odore vngētoȝ tuoȝ.

    ² En diltūs me⁹ loqtʳ m̄ surge ‖ ppera amica mea.

3ᵇ ¹ Qualis est dilectus tuus o pulcherrīa mulieru ‖

    ² Aduiro (sic) vos filie ihrm̄ p capreas ceruosqₐ cāpoȝ, &c.

4ᵃ ¹ Erūt verba (sic) tua sicut botri vinee, &c.

    ² Ortus conclusus est soror mea spōsa ortus ꝯclus⁹ . . . .

5ᵇ ¹ Dilect⁹ me⁹ ūiet ego ille q' pasitur (sic) intʳ lylia.

    ² Pulchʳe sūt gene tue sicut turturis collū tuū sicut monulia (sic).

6ᵃ ¹ Que habitas in ortis amici auscultāt . . . . Quo abijt dilectus tu⁹ ‖ pulcherrima mulierum.

F. 7^b 1 Descēdi ꞁ ortū micū (sic) vt viderē poma cōualliū, &c.

2 Aperi m^i soror mea q'a caput meum plenū est rore.

8^a 1 Indica m^i quē diligit aīa mea vbi pascas cubes ꞁ me^{r}idie, &c.

2 Anima mea li'q̄fā est vt dilect^9 me^9 locut^9 est.

9^b 1 Quis uidet te frēm meū vt ꞁueniā te foras.

2 Fauus distillās labia tua mel et lac sub‖līgua tua, &c.

10^a 1 Si dederit homo oēm substāciā suam p dilcione, &c.

2 Que ē ista q̄ ascendit de deserto, &c.

11^b 1 Ecce dilecto meo et ad me cōuersio illi^9.

2 Qm̄ pulchra s̄t gress^9 tue ꞁ calciamēt^9 filia prīcipis.

12^a 1 Dilecte mj egrediam in agrū mane surgam^9 ad vineas.

2 Facicul^9 mirre dilcūs me^9 m^i, &c.

13^b 1 Surgā et circuibo ciuitatē p vicos et‖plateas, &c.

2 Comedite amici et bibite et tū (sic) inebriamī carissimi.

14^a 1 Tota pulchra es amica mea et macła no est in te.

2 Ecce pulchra es amica mea ecce tu‖pulchra, &c.

15^b 1 Mille clypei pendēt ex ea oīs armatura forciū.

2 Ego dormio et cor meū vigilat.

16^a 1 Pone me vt signaculū sup cor tuum.

2 Spēs ei^9 vt lyban^9 electus vt cedri tał est diltūs meus.

Les pages qui portent les gravures étant opposées l'une à l'autre, le recto des ff. impairs, et le verso des ff. pairs se trouve blanc.

1e ÉDITION.—On la reconnaît par l'inscription hollandaise qui se lit en tête de la première gravure, " Dit is die voersinicheit," &c.

2e ÉDITION.—Cette édition, copie de la première et plus grossièrement executée n'a que deux personnages dans la 1e gravure du F. 7, tandis qu'il y en a quatre dans la première édition.

3e ÉDITION.—Elle ne diffère que très peu de la seconde ; cependant elle est encore moins bien executée, le graveur ne s'étant pas donné la peine de rendre certains détails du terrain qui se trouvent dans les deux autres.

La Chiromantie du Dr. Hartlieb en allemand : die Kunst Ciromantia.

26 ff. in-fol. opistographiques, imprimés à la presse, formant 3 cahiers qui portent les signatures 𝔞—ℭ.

Ce livre composé par le Dr. Johann Hartlieb, médecin du duc de Bavière Albert le pieux, a été gravé par George Schapff d'Augsbourg.

Suivant Ebert (N°. 9309), On connaît trois exemplaires complets de ce livre, parmi lesquels celui de Lord Spencer qui a autrefois appartenu à la bibliothèque Impériale de Vienne et trois exemplaires incomplets.

F. 1ª Ornement xylographique et au-dessous les mots : *Die Kunst Ciromantia.*

1ᵇ Blanc.

2ª Do.

2ᵇ [D]AS nach geschriben buch von der hannd hatt zu ‖ teutsch gemacht Doctor hartlieb durch bett vnd hai ‖ sung der durchleichtigen hochgebornen fürstin Frow‖ Anna geboren von praunsweig, &c.

8 lignes de texte qui finissent par la date 1448 (date de la composition du livre), ensuite 6 autres lignes de texte puis une gravure représentant l'auteur à genoux, qui offre son livre ouvert à Anne de Brunswick.

3ª Wan dich die lini des lebens, &c. 24 lignes de texte.

3ᵇ à 25ᵇ On y trouve des représentations de mains avec des signes de chiromantie et quelques mots de texte.

Le graveur a mis son nom au bas de la gravure du f. 25ª "irog scapff zu augspurg."

F. 25ᵇ ⎫ Blancs.
   26ᵃ ⎭

26ᵇ Répétition de l'ornement xylographique du titre surmonté des mots : "Die Kunst Cyromancia."

Le Credo, en allemand.

12 ff. in-4°, anopistographiques, imprimés au
frotton, ornés de 12 gravures sur bois avec trois
ou quatre lignes de texte explicatif insérées dans
chaque gravure.

Dans le seul exemplaire connu de cette xylographie qui appartient à la bibliothèque Royale de
Münich, et qui provient du couvent de Tegernsee
sont insérés au commencement trois ff. qui appartiennent à un autre livre.

F. 1ᵇ (Ce f. est le 4ᵉ dans l'exemplaire de Munich.) La création. On lit au dessus : Ego svm Alfha et . O . et
  au dessous de la gravure : (I)r wert all an rvffende ‖
  vater der himel vnd ‖ erd gemacht hat. ‖ (I)ch golavb
  in got vater ‖ almechdigʳ scheffper (sic) ‖ himel vnd der
  erden.   Au dessous deux figures ; celle de gauche
  avec le nom de (I)remias ; celle de droite (P)etros.

2ᵃ Le baptême du Christ : hic est fîlvs me⁹ dilect⁹ ; au
  dessous (D)er her hat gesprochen, &c.

3ᵇ La nativité et au dessus l'annonciation : "Nembt war
  ain irck ‖ fra wirt swanger," &c.

4ᵃ La crucifixion et au dessous l'ensevelissement : "Nach
  sybencig tagen," &c.

5ᵇ La résurrection, et au dessous la descente aux limbes :
  "O tod ich wirtt dein tod ‖" &c.

6ᵃ L'ascension : "Er pauet sein auffganck in ‖ dē himel."

·F. 7ᵇ Le dernier jugement: "An dē gericht ge wir zu euch."
   8ᵃ La pentecôte: Ich wird avz giessen von ‖ meinen gaist, &c.
   9ᵇ Le pape, et au dessus le Christ: "Sy bⁱ dē all an rübē dē na⸗ ‖ men dez hern."
  10ᵃ L'eglise. "Der her wird hin dvn ‖ al! vnser missetad ‖ Ablasz der sunden."
  11ᵇ La resurrection des morts: "Ich wird mein volk ‖ fieren ausz dē grebrn ‖ Vrstend desz fleiss."
  12ᵃ Le ciel dans un cercle. "Sy werden all leben," &c.

Les renseignemens qui précèdent sont empruntés au Dr. Massman (Serapeum, 1841, pp. 305, 306).

La Danse Macabre en allemand— Doten dantz mit figuren clage vnd antwort schon von allen staten der werlt (sic).

1ᵉ Edition (Biblioth. roy. de Münich, xyl. 39). 26 ff. le premier et le dernier in-fol. les 24 autres in-4°.

Texte versifié en double colonne sur chaque gravure. Quatre vers sont prononcés par la mort, et les quatre autres forment la reponse du mourant.

  F. 1ᵇ Le prédicateur devant le pape, l'empereur, le roi, et l'électeur.
   2ᵃ Texte: "Der prediger hie vor ‖ DIser welt weishait chind ‖ Alle die noch in leben sind ‖" &c.

K

F. 2ᵇ Le pape; l'empereur, &c. Chacune des 24 gravures
est numerotée, et les personnages s'y trouvent classés
dans l'ordre suivant:

1. Babst, le pape.	13. Jurist, l'avocat.
2. Chaiser, l'empereur.	14. Korherʳ, le chantre.
3. Kayserin, l'empératrice.	15. Arczte, le médecin.
4. Chünig, le roi.	16. Edelman, le noble.
5. Cardinal, le cardinal.	17. Edelweib, la dame noble.
6. Patriarch, le patriarche.	18. Chlösterfraw, la nonne.
7. Erczpischoff, l'archevêque.	19. Kaufman, le marchand.
8. Herczog, le duc.	20. Choch, le cuisinier.
9. Pischoff, l'evêque.	21. Petlär, le colporteur.
10. Graff, le comte.	22. Pawer, le laboureur.
11. Abt, l'abbé.	23. Das chind, l'enfant.
12. Ritter, le chevalier.	24. Mueter, la mère.

Sur le dernier f. est reproduit le prédicateur avec l'inscription qui commence ainsi: "O Jr tödlichn mēschn alle‖Der
walschn welt wolgefalle," &c.

2ᵉ Edition.—26 ff. hauteur de la graveur 8 po.
2 li. sur 5 po. 4 li.

L'exemplaire de cette édition qui se trouve
dans la bibliothèque de Heidelberg, diffère de celui de Münich, notamment en ce que dans le f. 23,
l'enfant dans son berceau tend les deux mains
vers la mort qui s'approche de lui. La mort dit
dans la 1ᵉ édition :

> Kreuch her du must je tanzen lern,
> Wein oder lach ich hör dich gern ;
> Hättest du den dutten in dem mund,
> Es hulf dich nit an dieser stund.

Le feuillet 23 de la 2ᵉ édition (exemplaire de
Heidelberg) est numeroté en chiffres arabes renversés au bas de la gravure à droite. La mort

enveloppée d'un suaire dont elle s'est recouvert
la tête en forme de capuchon tient par le bras
droit l'enfant debout qui cherche à s'échapper dans
la direction opposée. L'inscription qui surmonte
la gravure est ainsi conçue :

> Kreuch her an du mŭst hy tanczen lern,
> Weyne adir lache ich hore dich gern ;
> Hettistu den totten yn dem munde,
> Is hifft dich nicht an desir stunde.

La défense de la Virginité de Marie. — Defensorium inviolatæ B. Virginis.

La première édition de ce livre gravée en 1470
par Frederic Walther de Nordlingen se compose
de 16 ff. anopistographiques, imprimés au frotton
à l'encre couleur de rouille.

Les signatures 𝔄 i à biij et 𝔅 i à biij sont in-
scrites dans le pli entre les deux gravures supé-
rieures du livre.

Ff.	1e colonne à gauche.	2e colonne à droite.
1ᵇ a	Ambrosius in examerō	Augustinus libro ter ‖
		au bas Gregorius. *f. w.* 18ʌ0
2ᵃ a ij.	Geronimus luce secūdo	Auschulta o amator
3ᵇ a iij.	1. Si ventus vnum rusticum	
	2. Vitis si de vlice hiberna or	
	3. Plius prima satia Pliticus	
	4. Hac transire sane nisi.	

Ff.	1ᵉ colonne à gauche.	2ᵉ colonne à droite.
4ᵃ a iv.	Arion si delphino ad terra	Albeston si archaidie sempe
	Carminib⁹ si circe hoīes ℣	Si cirus a canicula nutrit⁹
5ᵇ a v.	Calᵒ tercio libro exodi vadā	Psalmista descendet sicut
	Or magorum p̄stinis muli⸲	Ezechiel xliiij⁹ porta hec
6ᵃ a vj.	Si classem virgo claudia	In de pprietatibus rerum libᵒ
	Si ferrum vi magnetis aer	Pellican⁹ si sagūe animare
7ᵇ a vij.	Interroga iumenta et docebunt te et volatilia celi et	
	In epiro si gurgite extincta	Si vitul⁹ in nube vi celi clare
8ᵃ a viij.	Augustein⁹ de ciuiᵗᵉ dei libᵒ	Quarto libᵒ Regum calᵒ vj
	Calᵒ vndecimo libro niū ger	In libᵒ aīaliū Isider⁹ libᵒ x
9ᵇ b j.	Infontib⁹ si gothie lignū	Si tactus mox nati seras ap⸲
	In libᵒ de natīs āīliū et	Ysiderus xviij Ethimoᵹ tur⸲
10ᵃ b ij.	Ramus cum nido auium la⸲	Ysiderus xij ethymologiaᵹ
	Dyana auri pluuia a Ioue p̄	Si socios dyᵒ medis aues fact⁹
11ᵇ b iij.	Carminib⁹ si arce hoīes	Massa si de calipe in nube
	Si luspida mortua se replu⸲	Si magnos tamē hōis ad
12ᵃ b iv.	Si bos hūanis verbis psoni	Ysiderus de pprietatibus
	Si tyle in virore semper ma⸲	Si genti cernenti plauda
13ᵇ b v.	Albert⁹ libᵒ tercio de avibus	Si cribro ūgo thustia aquā
	Leo ples rugitu suscitare v̄ᴣ	Aūg⁹ de ciuiᵗᵉ dei libᵒ xxiᵒ
14ᵃ b vj.	Si vinū in sanguē conuersū	Ysidorus xij ethymologiaᵹ
	Si flumen in cruorem tholo⸲	Rinoceron si ℣gini se inclina
15ᵇ b vij.	Fenix si in igne se reformare	Si carbaso emilia ascendere
	Albertus libᵒ xxiiijᵒ de anima	In de pprietatib⁹ in libᵒ xijᵒ
16 b	Si lumen phani veneris nullo	Seleuc⁹ in pside lucem lune
	Si homo vi nateʳ in saxum ℣ti	Homo si in lapide vi celi pin

2ᵉ EDITION gravée par Jean Eisenhut en 1471. Elle se compose de 28 ff. anopistographiques imprimés au frotton, à la détrempe couleur de rouille. C'est une magnifique xylographie. Nous suivons l'ordre des signatures tel qu'il se trouve dans l'exemplaire du British Museum quoique certains ff. soient évidemment intervertis. Eisenhut n'a pas d'ailleurs suivi le même ordre que F. Walther, et chacune de ses pages n'a que deux

dessins au plus tandis que la première édition eu
a quatre en général.

Ff.

1. 𝕬̄. [M]agnarum rerum pfunditas. (30 lignes.)
2. 𝕬. 1. Rinoceron si virgini se inclinare valet. cur
      2. Si tactus mox nati seras apperire valet. Cur
3. 𝕼. 1. Bonafa si ore feta a mare claret. Cur angeli ex
      2. Sicyrus a canicula nutritus claret cristum cur
4. 𝕯. 1. Pellicanus si sagwine animare fetus claret.
      2. Turris si lauricea ardore ignis caret cur ig
5. 𝕰. 1. Si homo vi nature in saxum verti valet. Cur
      2. Homo si in lapide vi cœli pingi valet. Cur al
6. 𝕱. 1. Si vitulus in nube vi cœli factus claret, cur absq̃
      2. Seleucus si in perside lumen lune habet. Cur feta
7. ( ) 1. Si magnes carnem hominis ad se trahere valet.
      2. Si mersum fonti gocie lapis mox claret. cur pe
8 ( ) 1. Si dana auri pluuia pregnans a ioue claret. Cur
      2. Si socios diomedis aues factos claret. Cur redēp
9. ( ) 1. Calandrius si facie egrum sanare valet. Cur
      2. Si vultur parit corpe et ad hoc mare caret. Cur
10. 𝕴. 1. Si vinum in sagwinem euersum fore claret. Cur
      2. Si flumen in cruorem tholose versum claret.
11. 𝕶. 1. Vitis si de ilice ibernia ortum habz. Cur vitem
      2. Si concha cœli rore plis fecunda claret. Cur roran⸗
12. 𝕷. 1. Si cribro virgo thustia aquam portare valet
      2. Si equa capadocie vento feta claret. Cur diuino fla
13. 𝕸. 1. Fenix si in igne se renouare valet. Cur m̄r dei dig
      2. Ramus cum nido auium lapis factus si claret
14. 𝕹. 1. Nisida si mortua se replumare valet. Cur absq̃
      2. Carista si in igne nec alis nec carne ardet. Cur
15. 𝕺. 1. Magnetis vi si ferrum aer tenere valet. Cur
      2. Carbas si de arbore yberna nasci claret. Cur
16. ( ) 1. Asbeston si archadie semp ardere claret. Qua
      2. Si bos humanis verbis psonuisse claret. Cur
17. 𝕼. 1. Si ventus vnum rusticum longe deferre valet
      2. Si maiorum prestigiis mulier equa apparet
18. 𝕽. O beata infamia p quam nostri generis repara
      La gravure de la nativité occupe ici toute la page ; au
        bas on lit :

Ff.

       Interroga iumenta et docebunt te et volatilia cœli

19. 𝕽. 1. Si genti carenti blada pluisse claret.   Quare
       2. Massa si de calibe in nube nasci valet.   Cur

20. 𝕾. 1. Si classem virgo claudia ad littus trahere valz
       2. Emilia si carbaso ignem accendere claret

21. 𝕾. 1. Carminibus si circe homines vertisse claret.   Cur
       2. Vrsa si vetus ore rudes formare valet.   Cur ƍgo

22. 𝕵.   [Y]sayas contemplans misterium re⸗‖29 lignes de
       texte

23. 𝖀. 1. Si oua strutionis sol excubare valet.   Cur veri
       2. Leo si rugitu proles suscitare valet.   Cur vitam a

24. 𝕱. 1. Si lumen phani veneris nullo extingwere valet
       2. Psidicus a natura aue si dicere valet.   Quare p aurē

25. 𝕻. 1. Iupiter genoriden falsi sub ymagine thauri   Si
       2. Si tile in virore semp manere valet.   Cur deum

26. 𝖅. [E]ximius doctor Aug⁹ inde mira⸗‖31 lignes de texte

27. 𝖟. [N]on aūt intelligendum ē q꜀ anima. 27 lignes de texte
       suivies par le colophon suivant :

             Johannes eysenhut impressor
             Anno ab incarnacoīs dñīce M°
             quadringentesimo septuagesimo 1°

Les dix commandements pour les ignorants, en latin et en allemand.—Die Zehn Bott für die ungelernte leut.

10 ff. anopistographiques, haut. 7 po. 10 li. sur 5 po. 8 li. de largeur. Le seul exemplaire connu de ce livre se trouve dans la bibliothèque de Heidelberg.

Ff. Sigs.	Inscriptions des phylactères.

1^b í. Non habebis deos alienos exodi xx‖Du salt an beten
eynen got‖Als her dir geboten hot‖

2^a íí. Non piurabis in nomīe meo leuitici xix‖Den namē
gotis nicht in meyneid‖vor si vere noch in eytel-
keit.

Un homme qui jure sur le crucifix.

3^b ííj. Costodite sabatū meū sc̄m ēm est vob⁹. exo. xxl. &c.

D'un côté un moine qui prêche, de l'autre deux
hommes qui jouent au trictrac.

4^a íííí. Honora patrez tuū ↑ mrēz tuaz. exodi xx°.

Une femme qui offre des fruits à sa mère, et un
jeune homme aidant un vieillard à s'asseoir.

5^b b. Non occidas. Exodi vicesimo.

Un homme qui tue un pélerin.

6^a bí. Non furtum facies. exodi xx° capitulo.

Un homme qui force un coffrefort.

7^b bíj. Non mechab^ris exodi vicesimo capitulo.

Un personnage retenu par un ange, qui offre un
anneau à un autre.

8^a bííj. Nō loquaīs cvn̄ pxi^m tuū falsū testīoi^m exo. xx°.

Deux hommes prêtant serment sur la tête d'une
sainte.

9^b bíííj. Nō desiderabis vxorez pximi tui exodi xx°.

Le diable poussant la jeune femme d'un vieillard
vers un jeune homme élégamment vêtu.

10^a ɼ. Non cupiscas rem pximi tui vnz. Exodi xx°.

Le diable poussant un soldat à s'emparer des trou-
peaux d'un vieux berger.

Dans chacune des gravures il y a toujours
d'un côte un ange qui repète en allemand versifié
l'un des dix commandemens, de l'autre un démon
qui donne un conseil contraire au commandement.
Ces conseils et les commandemens sont gravés soit
en lignes de texte, soit dans des phylactères.

Quoique cet ouvrage offre souvent le *t*(avec

appendice qui caractèrise les MSS. et les livres
typographiques hollandais, le style du dessin et
des costumes ne se rapproche en rien des premiers monuments de la xylographie néerlandaise.
On trouve d'ailleurs, ce *t(* de même dans la " fable
du lion malade " décrite ci-après.

Cet ouvrage a été entièrement reproduit par
M. Geffcken (Joh.) dans so Appendix au " Bilder
catechismus."

Les " Donats " xylographiques.

Le fragment du seul donat xylographique que
nous ayons été à même d'examiner se trouve à
Oxford à la bibliothèque bodléienne et se compose
de 3 pages, de 26 lignes chaque, en gros type
gothique. Aucune des lettres capitales dans ce
fragment ne ressemble à l'autre, toutes les lettres
d'un même mot sont non seulement jointes dans la
ligne, mais souvent d'une ligne à l'autre. Ce
fragment imprimé par Conrad Dinckmut, s. l. et a.
n'est donc pas un produit de la typographie.
L'encre qui a servi à l'impression de ce Donatus,
est d'un beau noir et les caractères en sont taillés
avec une regularité qui rappelle l'Ars Moriendi
de Louis Hohenwang, qui fut imprimeur à Ulm
comme Conrad Dinckmut.

Il est difficile de ranger au nombre des xylographies primitives les trois planches du Donatus

que Heinecken ("Idée," p. 257) a vues chez M. Morand, et dans la collection Meerman, et qui se trouvent encore, les deux premières à la bibliothèque nationale de Paris, et la dernière à la bibliothèque royale de La Haye. Ces xylographies ont été gravées sur décalque de texte imprimé typographiquement ; ainsi qu'il est facile de s'en convaincre en examinant les épreuves que de Bure en a données dans le "Catalogue La Vallière," vol. ii. p. 8. Aucune xylographie primitive ne présente des lettres aussi bien gravées et où la fantaisie de l'artiste se soit volontairement soumise aux exigences de la composition typographique. On trouve, entre les caractères de ces donats xylographiques et ceux de la bible Mazarine, bien moins de différence que celle qui existe entre les types xylographiques et les types mobiles de la première édition du " Speculum humanæ salvationis."

L'exercice sur le Paternoster. Exercitium super Paternoster.

Ce livre se compose de 10 ff. in-fol. anopistographiques sans autre texte que les quelques mots explicatifs qui se trouvent au dessous des gravures.

Ff.

1. On lit au dessus de deux figures respectivement nommées "Frater" et "Oratio" les mots: "Exercitium super Paternoster." Le phylactère du " Frater" porte : "Dnē doce me orare." La figure qui représente la prière repond: "Veni docebo te Pater noster," &c.

L

Ff.

2. A droite Dieu le père dit : "Petite et accipietis." Jésus
agenouillé devant lui repond : "Pater sancte pro eis te
rogo." Sur le second plan le "frère" et la "prière"
également agenouillés disent : "Pater noster qui es."

3. Dieu le père sur son trône avec l'inscription : "Adhuc
sustinete modicū tēpus," &c.

4. "Adueniat regnum tuum," &c.

5. "Fiat voluntas tua," &c.

6. "Panem nostrum quotidianum da nobis hodie," &c.

7. "Et dimitte nobis debita nostra sicut & nos," &c.

8. "Et ne nos inducas in tentationem," &c.

9. "Sed libera nos a malo," &c.

10. "Amen." Ce mot est suivi de quatre lignes de texte qui
expliquent la signification de la gravure comme dans
les ff. précédents.

On trouve une description détaillée de ce livre
dans la Serna Santander, "Dictionnaire bibliographique choisi du xvᵉ siècle," pp. 402–407, vol. ii.

La Fable du lion malade, en alle-mand. Die Fabel vom Kranken Löwen.

Ce livre se compose de 12 ff. opistographiques
in-fol. avec neuf gravures sur bois de la grandeur
de la page, sans titre. Le texte est gravé en
partie sur le côté blanc des feuillets, et en partie
écrit sur ff. intercalés ; il est divisé en neuf cha-
pitres correspondant aux neuf gravures. La 3ᵉ
gravure, plus petite que les autres, a 16 lignes de
texte gravé à côté de la figure. Les phylactères

contiennent des inscriptions en allemand comme
le texte.

F. 1. Sur la banderolle. du lion malade on lit: "Ir seckt
ich bin czu mole sich. Dorumē bete ich euch fleyszitlich ‖
Alczumole czu desir stūt wy ich moge werdē gesunt ‖

Le loup repond: " Wir muszen gehen in eynē rot Solle wir
euch helfen aws der not."

Le seul exemplaire connu de cette xylographie
est dans la bibliothèque de Heidelberg. Un fac-
simile du 1ᵉʳ f. se trouve dans Falkenstein. ("Geschichte der Buchdr." p. 46.)

Histoire de la Croix, en hollandais.
Geschiedenis van het heylighe cruys.

L'Histoire de la Croix se compose de 33 ff.
opistographiques, comprenant 64 gravures, avec
quatre lignes de texte rimé sous chaque gravure
et au verso du 33ᵉ f. une souscription, en caractères mobiles typographiques comme le texte explicatif des gravures.

. L'ouvrage se compose de 4 cahiers, le premier
de 10 ff. avec la signature a ; les cahiers suivants
b et c ont 8 ff. et le dernier d 7 ff. seulement.

Nous avons reproduit en entier cet ouvrage
par la gravure des planches et du texte en l'ac-

compagnant d'une introduction (Londres, C. J. Stewart, 1863, in 4°.) On connaît trois exemplaires de l'original : un dans la bibliothèque de Lord Spencer à Althorp ; un autre à la bibliothèque royale de Bruxelles ; et le troisième dans la collection de M. A. D. Schinkel à la Haye.

Cette édition publiée par Veldener à Culembourg en 1483 a été formée avec les planches sciées d'une édition latine originale in-fol. dont aucun exemplaire n'a été découvert jusqu'ici.

Ff. Sign.

1ª Blanc.

1ᵇ „ Adam et Seth conversant : Seth lieue sone wilt my wel verstaen, &c.

2ª a íj. Seth et l'ange : Hier gheeft hem die enghel drye greynen claer.

2ᵇ „ Seth ensevelit Adam : Hier begrauet Seth sinem vaer.

3ª a íij. Les trois tiges : Hier sijn nv ghevassen drye roeden claer.

3ᵇ „ Moyse dans sa tente : Hier rustet moyses in waren talen.

4ª a íiij. Moyse devant Syon : Hier hebben si den berch syon gheuonden.

4ᵇ „ Moyse et l'ange : Hier doet den enghel moeyses verstaen.

5ª a b. Moyse fait couper les tiges : Hier heft moyses al sonder seghen.

5ᵇ „ Il les plante de nouveau : Hier heft moyses die roeden gheplant.

6ª „ L'ange apparaît à David : Hier coemt die enghel wilt my verstaen.

6ᵇ „ David guérit les malades : Hier raect dauid die roeden goet.

7ª „ Il guérit un lépreux : Hier coemt dauid nae mijn verstaen.

Seth lieve sone wilt my wel verstaen
Totten paradise soe sult ghi gaen
Ende daer sult ghi den enghel vraghen
Wanneer dat eynden sellen mijn claghen

Ff. Sign.

7^b a b. Il rend blancs des nègres: Hier coemt dauid metten
    roeden goet.

8^a „ Il plante les tiges dans sa cour: Hier brencse dauid
    seer haestelijck.

Ff. Sign.

8ᵇ **a b.** Les trois tiges deviennent un seul arbre : Hier sijn
die roéden binnen eenre nacht.

9ᵃ „ On bâtit un mur autour de l'arbre : Hier doet dauid
ter seluer vren.

9ᵇ „ David prie au pied de l'arbre : Hier heeft dauid wildijt
wel werstaen.

10ᵃ „ Salomon fait couper l'arbre : Hier coemt Salomon
dauids sone.

10ᵇ „ On mesure la poutre : Hier gaen si meten ende mer-
ken.

11ᵃ **b j.** La poutre est trop longue ou trop courte : Hier
brenghen si die hout te werck.

11ᵇ „ La poutre brûle les habits d'une paysanne : Hier leyt
dat hout in dem tempel.

12ᵃ **b ij.** Une femme prophétise : Hier coemt een prophetisse
als ic verstae.

12ᵇ „ On la bat de verges : Hier omme soe moechdi vaar
weten.

13ᵃ **b iij.** La poutre sert à faire un pont : Hier hebben die ioden
suldi verstaen.

13ᵇ „ La reine de Saba refuse d'y passer : Hier coemt als
wie verstaen.

14ᵃ **b iiij.** Elle fait des reproches à Salomon : Hier coemt van
Saba die coninghinne claer.

14ᵇ „ On enlève le pont : Hier doet salomon die coninck.

15ᵃ „ On le porte au temple : Hier doet salomon alsonder
saghen.

15ᵇ „ Abyas le fait enlever de là : Hier coemt die derde
coninck als ic las.

16ᵃ „ Les juifs enterrent la poutre : Hier comen die ioden
ghegaen.

16ᵇ „ On la retrouve dans une piscine : Hier soe hebben si
nae vele daghen.

17ᵃ „ L'ange remue la piscine : Hier coemt die enghel alle
daghen.

17ᵇ „ On dit à Pilate que la poutre est dans la piscine : Die
xpistus stont in pylatus huys.

18ᵃ „ On en fait une croix : Hier hebben si ten seluen
stonden.

Ff. Sign.

18ᵇ **b iiij.** Le Christ porte sa croix: Hier is xpistus metten cruys gheladen.

19ᵃ **c j.** Le Christ en croix: Hier hanghet xpistus aen den cruys.

19ᵇ „ Les possédés guéris par la croix: Daer stont dat hey-lighe cruys.

20ᵃ **c ij.** On enterre la croix: Hier omme soe waren die pries-ters quaet.

20ᵇ „ Ste. Helène cherche la croix: Hier quam van romen helena.

21ᵃ **c iij.** Elle interroge les juifs: Hier coemt helena ten seluen daghen.

21ᵇ „ Elle fait mettre Judas dans un puits: Hier heeft helena iudas.

22ᵃ **c iiij.** Judas est retiré du puits: Ten eynde van seuen daghen.

22ᵇ „ Judas prie dans le désert: Doe iudas quam tot deser stede.

23ᵃ „ Il retrouve les trois croix: Hier arbeytet iudas al openbaer.

23ᵇ „ Il retrouve aussi les clous: Hier coemt iudas metten cruce gaen.

24ᵃ „ On cherche à reconnaître la vraie croix: Nv en weten sie niet al openbaer.

24ᵇ „ Ste. Helène emporte la croix (cette planche est inter-vertie avec la suivante): Doe soe namen si ter seluer stont.

25ᵃ „ La croix ressuscite un mort: Hier heeft helena dat cruys ons heren.

25ᵇ „ Ste. Helène apporte la croix à son fils: Hier brenct si seker ende vroet.

26ᵃ „ Un tyran emporte la croix: Hier quam tot iherusa-lem gheuaren.

26ᵇ „ Il la donne à Cosdras: Hier sit cosdras al openbaer.

27ᵃ **d i.** Héraclius rencontre Cosdras le fils: Hier quam nv al openbaer.

27ᵇ „ Héraclius se bat avec Cosdras: Desen strijt die is gheschiet.

Ff. Sign.

28ª ᚦ ij. Le peuple de Cosdras se soumet : Hier coemt dat volc wilt verstaen.

28ᵇ „   Héraclius somme Cosdras le père de se faire Chrétien : Hier coemt eraclius die Keyser goet.

29ª ᚦ iij. Il coupe la tête à Cosdras : Hier heft eraclius des gheloeft.

29ᵇ „   Cosdras le jeune se fait baptiser : Hier is als wy moghen verstaen.

30ª ᚦ iiij. Cosdras le père est enterré : Hier eraclius den ouden cosdre begraeft.

30ᵇ „   Héraclius enlève la croix : Hier goet eraclius met haesticheyt.

31ª „   Héraclius rapporte la croix en triomphe : Hier moechdi sien claerlick.

31ᵇ „   Il entre nu-pieds à Jérusalem : Hier maecht hem met haesten groot.

32ª „   Il dépose la croix dans le temple : Hier coemt eraclius sekerlijck.

32ᵇ „   Des marchands en détresse invoquent la croix : Hier sijn coepluden in groter noot.

33ª „   Ils apportent leur offrande au temple : Hier doen die coepluden openbaer.

33ᵇ

M. T. O. Weigel de Leipzig possède un frag- ment, marqué de la signature ᚷ, d'une autre édi- tion latine du même livre. Ce fragment anopisto- graphique dont la hauteur est 9 po. 6 li. sur 14 po. 4 li. de largeur, est divisé en 6 compartimens, superposés deux à deux, et qui ont chacun une

inscription latine explicative de l'image repré-
sentée.

1. La reine de Saba visite le roi Salomon : " Hic regina arguit
salomonē," &c.

2. Descente de croix : " Hic venerūt joseph et nycodemus
deponētes ‖ corpus x̄pi a cruce ē crux mansit ibi
stans."

3. Invention de la sainte croix : " Hic gerūt salomō," &c.

4. Prédication des apôtres : " Hic apostoli predicauer . . . . puli
cū‖cruce et multi iudei er . . . . runt."

5. Le bois de la croix dans le temple : " Hic fecit salomon
istud lignū ordinare," &c.

6. Les possédés guéris par la croix : " Multus populus libe-
ratur a demone et ‖ ab alijs infermitatib⁹ cum crucē
benedictā . . . . "

Il est difficile de comprendre pourquoi les 6
gravures ont été imprimées sur le même feuillet
sans égard pour l'ordre chronologique des évène-
mens, ordre fidélement suivi dans l'édition de
Veldener.

L'horloge de dévotion, en allemand.
Der Zeit glöcklein.

Ce livre que le Dr. Passavant appelle " La Clo-
chette du tems," se compose de 10 ff. opistographiques in-8°. Le seul exemplaire connu se
trouve dans la bibliothèque de Bamberg, et il a été

M

décrit par Heller, " Geschichte der Holzschneide-
kunst," Bamberg, 1823, in-8°, p. 379.

Les deux tiers supérieurs de chaque page ont
une gravure sous laquelle est gravé le texte, avec
un encadrement commun :

Ff.

1ª La messe de St. Grégoire : " ℂ Die xxiiij. stund der werks
vnser erlösung vñ des leydēs xp̄i mit xxiiij. figurlin

getaelt ī die‖siben tagczeit vñ was man‖betten sol
oder betrachtē zu ein‖er yegklichem tagczeit.”

1ᵇ Le Christ enfant un marteau à la main frappe sur une
cloche. On lit: “Ich stee vnd klopff.” Au dessus
dans un cadran les 8 heures de la nuit avec l'inscription: “Für die complett vij.; fvr die Mette xxiiij.;
fur die laudes v.; fur die prym vij.”

2ᵃ Le Christ à table avec ses disciples: “Fur die complet
sprich siben vater vnser,” &c.

2ᵇ Le lavement des pieds: “Vmb die viij. des abentz,” &c.

3ᵃ La cène: “Um ir des abentz betracht,” &c.

3ᵇ Le jardin des olives: “Für die Mette sprich xxiiij. vatder
vnser,” &c.

4ᵃ Le baiser de Judas: “Vmb xj. betracht die valsch verrä-
thung,” &c.

4ᵇ Jesus devant Anne.

5ᵃ Le reniement de S. Pierre: “Fur die laudes sprich fünff
vattʳ vnser,” &c.

5ᵇ Jesus devant Caïphe: “Vmb ij. nach mitternacht betracht
vor cayphas,” &c.

6ᵃ Jesus bafoué par les soldats: “Vm iij. nach mitternacht,”
&c.

6ᵇ Jesus devant Pilate: “Für die prym sprich vij. vattʳ
vnser,” &c.

7ᵃ Jesus devant Hérode: “Umb fünff nach mitternacht,”
&c.

7ᵇ Jesus devant Pilate: “Vmb vj. nach mitternacht,” &c.

8ᵃ Jesus enfant tire une cloche des deux mains: “Ich stee
vñ leut,” &c.

8ᵇ La flagellation: “Für die Tertz sprich,” &c.

9ᵃ Le couronnement d'épines: “Vm viij. des morgens betracht,” &c.

9ᵇ Ecce homo: “Vmb ix. betracht,” &c.

10ᵃ Pilate se lave les mains: “Für die sext sprich,” &c.

10ᵇ Jesus porte sa croix: “Vm̄ xj. betracht,” &c.

11ᵃ La crucifixion: “Vmb xij. betracht,” &c.

11ᵇ Jesus insulté sur la croix: “Für die none sprich,” &c.

12ᵃ Jean et Marie au pied de la croix: “Vmb ij. nachmittag
betracht,” &c.

.Ff.

12ᵇ Longin perce le côté de Jesus : "Vmb iij. nach mittag
      ist," &c.

13ᵃ La descente de croix : "Fur die vesper sprich," &c.

13ᵇ Les saintes femmes : "Vmb v. nach mittag betrachte," &c.

14ᵃ L'ensevelissement : "Vmb vj. nach mittag," &c.

14ᵇ St. François et les stygmates : "Sanct⁹ franciscus in seiner
      regel," &c.

15ᵃ 18 lignes de texte commençant par : "Wil tu aben nit eɪ
      tagzyt," &c.

16ᵃ 18 lignes de texte : "Sant Johañes ein teuffer," &c.

16ᵇ   „   „   "Das frid vnsers herr Jhesu," &c.

Les huit Fourberies, en allemand.
Die acht Schalkeiten.

Ce livret de 8 ff. anopistographiques a 6 po.
de hauteur sur 4 po. 3 li. de largeur. Sur chaque
feuillet est une représentation grossière surmontée
de quelques lignes rimées, en allemand pour expliquer le sujet. Les lettres sont aussi grossièrement gravées que les figures elles-mêmes. Voici
l'ordre des figures :

1. Der Unterhändler. L'entremetteur.
2. Der Lügner. Le menteur.
3. Der Betrüger. Le trompeur.
4. Der falsche Goldschmied. L'orfèvre en faux.
5. Der betrugerische Kaufmann. Le marchand qui trompe.
6. Der Kirchendieb. Le voleur d'église.
7. Der betrugcrische Seiler. Le cordier trompeur.
8. Der Eisen for Stahl verkaufende Grobschmied. Le
Quincaillier qui vend du fer pour de l'acier.

Le texte n'est pas disposé suivant les rimes, mais en continuant; il forme quatre lignes dans les quatre premières, la sixième et la septième planche; et cinq lignes dans la 5ᵉ et la 8ᵉ planche. Les figures sont gravées au simple trait, et les planches imprimées à la détrempe avec de l'encre couleur de rouille. M. T. O. Weigel, qui possède l'exemplaire unique de cette curiosité, l'a décrite dans le "Serapeum," de 1840, pp. 65 et ss. avec fac-simile. Voici la première ligne du texte de chaque planche.

F. 1. Ich kan die blässbälg tretten vnd red‖
   2. Ich kan mit halen worten schliffen‖
   3. Ich bin ain schalk vsz rechter wurtz‖
   4. Ich machen zm als silber far där fur‖
   5. Ich bin ain schalk vnd wig mit lichtem‖
   6. Ich bin ain schalk in dem gotz husz‖
   7. Ich bin ain schalk vnd och ain luder‖
   8. Ich bin ain schalk in miner schmite‖

La légende de S. Meinrad, en allemand.

Ce livre se compose de 48 ff. opistographiques in-8°. Le seul exemplaire connu est à la bibliothèque royale de Münich.

Les ff. 1 à 29 représentent les événemens de la vie de S. Meinrad; le 30ᵉ f. montre comment il est assassiné par les meurtriers Pierre et Richard.

Dans les ff. suivants les meurtriers sont poursuivis
par deux corbeaux que le saint avait apprivoisés,
et enfin ils sont livrés à la justice et punis de
leur crime. Le dernier feuillet représente l'apo-
théose de Meinrad, qui ressuscite une massue à
la main, accompagné de la Vierge et de l'enfant
Jésus, dans une gloire où se retrouvent les deux
corbeaux.

Ff.

1ᵃ Dis ist der erst anefang als unsʳ lie‖bē frowē cappell zu dē
einsidlē von‖Sant Meinrat selbs buwē wart, mit‖sinē
heiligē hendē‖&c. 15 lignes de texte encadré d'une
seule ligne.

1ᵇ Suite du texte.

2ᵃ Hie lit sāt meinrat tot vñ sin geuattʳ‖dʳ zimʳmā hat sin
wib uñ‖sin nachbu‖rē zu dʳ lich gesent vñ er ist‖dē
mordern nachgeuolgt gen zurich.‖

Le corps de l'ouvrage commence au F. 4 par
les mots :

Ff.

4ᵃ Dis ist wie graff b̄chtold vō sulgen‖got vō himel bat vmb
ein frucht dz‖er nit an lib erben sturte, &c.

31ᵇ Saint Meinrad est représenté devant la Vierge Marie.

32ᵃ GEgrusset siest du hochgelopte und grosz‖geachtete in
dem götlichem hertzen vñ‖in allen, &c.

32ᵇ Blanc.

On lit sur le 48ᵉ f. : “Hie kompt sant cunrat
bischoff ze‖ Costētz vñ andʳ selig lut mit im gē‖
rom fur dē baptst leo vmb gnad vñ‖ze bestetigē
die engelwihe,” &c.

Cette légende, qui forme ce qu'on pourrait ap-
peler un livre xylographique suisse, a été gravée

probablement par quelque moine du fameux couvent d'Einsiedel en Suisse, le lieu de pélerinage le plus frequenté après Lorette et Saint Jacques de Compostelle ; elle était distribuée aux pélerins qui accouraient en Suisse de tous les points de l'Allemagne.

Dibdin, " Tour," iii. 286, a donné des facsimiles de la gravure où les meurtriers sont arrêtés et conduits devant le juge, et de celle où ils sont roués.

Le livre des Rois.   Liber Regum.

Ce livre xylographique, imprimé au frotton avec une encre brun pâle à la détrempe a 20 ff. anopistographiques in-fol. Les ff. sont placés dans le volume de manière que la première gravure se trouve opposée à la seconde, la troisième à la 4e, et ainsi de suite.   Chaque f. impair porte une signature placée entre le dessin et le texte de la colonne de gauche ; car chaque page imprimée peut être considérée comme formant deux colonnes dont la partie supérieure porte un dessin, et la partie inférieure le texte explicatif.   Chaque page est ainsi divisée en quatre compartiments par une double ligne, qui sert d'encadrement aux dessins et au texte.   Les signatures sont

𝔄 𝔅 𝔠 𝔡 𝔈 𝔉 𝔊 𝔥 𝔦 𝔨.

On ne connaît jusqu'ici que deux exemplaires de cet ouvrage l'un dans la bibliothèque impériale de Vienne, mentionné par Dibdin ("Bibliographical Tour," iii. 531) ; l'autre dans la collection de M. le duc d'Aumale à Twickenham.

Quoique le style du dessin et de la gravure du "Liber Regum" diffère beaucoup de celui qu'on reconnaît aisément dans les livres xylographiques attribués aux hollandais, on pourrait peut être leur attribuer ce livre s'il était bien constaté que le $t\setminus$ final particulier aux MSS. hollandais et aux types dits costeriens ne se trouve pas réellement dans les livres et MSS. d'origine allemande. On remarquera que le $t\setminus$ final est constamment employé dans le "Liber Regum," et que dans le texte au dessous de la première gravure on a écrit le mot "philistini," avec l'ortographe particulière aux néerlandais, *philistijni*.

F. 1. 𝕬. 1. Présentation au temple de Samuel enfant : libʳ regū ‖ Primo libro regum caplō primo legitur ‖ &c.

2. Le songe de Samuel : Secundo et tercio capľis legitur q꜀ post q꜀ ‖ &c.

6. 𝔍. 1. David jouant de la harpe devant Saul : Eodem capľo legitur q꜀ serui Saul ‖ &c.

2. David vainqueur de Goliath : Decimo septimo caplō legitur q꜀ phi ‖ listijni (sic) &c.

Les Merveilles de Rome, en allemand. Mirabilia Romæ.

Ce livre de 92 ff. in-8° opistographiques est imprimé à la presse avec l'encre noire ordinaire. Il servait de manuel aux pélerins allemands qui se rendaient à Rome. Les armes du pape Nicolas V. qui se trouvent sur le frontispice indiqueraient que le livre a été gravé en 1450 ; mais le f. 55 porte les armes de Sixte IV. (François d'Albescola della Rovere) qui ne fut pape qu'en 1471. La production de ce livre doit donc se placer entre les années 1471 et 1475, date du second Jubilé de 25 ans, dont le rite avait été installé en 1450 par Nicolas V.

Ce volume ne portant ni pagination, ni signatures, ni réclames, nous donnerons tantôt la première ligne du recto de chaque feuillet, tantôt celle du commencement d'un paragraphe en indiquant sa place au recto ou au verso.

F. 1ª Item in dem puechlein stet geschriben wie ‖ Rome gepauet ward vnd vō dem erstē Kunig und vō yclichem Kunig zu Rome, &c.

 1ᵇ Image xylographique représentant sur le premier plan la louve allaitant Romulus et Remus ; sur le second plan une femme à genoux au seuil d'un temple payen ; dans le fond une ville et une forêt.

 2ª IнPIVн ROнA Armoirie centrale deux clefs en sautoir surmontées de la tiare ; à gauche l'aigle noir à deux têtes ; à droite SPQR. Le texte est entouré d'un fleuron excepté dans la marge à droite. (R)Oma

N

Ff.

    ciuitas sctā ‖ caput mundi ‖ Von anbeginne ‖ der Welt
    Mcccc ‖ vnd l iare do throia, &c.

3ᵃ die kyndt payde in aẏn püsch pey
4ᵃ Nach im so regiret tulius ho⸗
5ᵃ da burden ire freüd vnd alles volk
6ᵃ sprung so viel das loch zu de
7ᵃ vnd yngram die zwen grosmech
8ᵃ im Cayserthum V iar hett regirt
9ᵃ gemartert vnd gecreuzigt
10ᵃ toede da warff man in indie
11ᵃ Otto regiret drei monet zu
12ᵃ Vnd machet die plinden sehen
13ᵃ vater vnd regiret iij iar er
14ᵃ gerecht vnd milt pey irn zeit
15ᵃ das erkayn er hand vnkeusch vndeʳ
16ᵃ Eret vnd lobt den Got der himel
17ᵃ Der xxix. Cayser zu Rome
18ᵃ die babari vnd hayden aus teutschē
19ᵃ land wurden getoet zu iren.
20ᵃ krankhait vernomen vnd mach
21ᵃ gepadet Da lieffen die mueter
22ᵃ ist vnd wirt dich tauffen wan
23ᵃ wann aẏn pyschoff zu Rome
24ᵃ das munster zu pauen vñ half
25ᵃ hörer Vnd Constantinus der w
26ᵃ Blanc.
26ᵇ Xylographie du Sudarium exposé au peuple.
27ᵃ (H)ie her nach stet geschriben
    Ornement xylographique à la marge supérieure et au des-
    sous après la 7ᵉ ligne (S)xylographique avec image
    d'un pape lisant et assis (S)Anctus Sil⸗‖ vester der
    schreibt, &c.
28ᵃ der welle raynigen alle cristen
29ᵇ l. 4. Item der heylig pabst gregorius.
30ᵃ bestet alle genad vnd ablas vnd
31ᵇ Item darnach auf dem gange
32ᵇ Item da ist aẏn staynen stiege
33ᵃ l. 14. Item da ist auch am lobliche

Ff.

34ᵃ vnd rurt in an vns sprach has tu

35ᵃ ermolet vij iar dar an vnd kund

36ᵃ l. 8. (D)ie ander haubt kyrche

37ᵃ l. 8. Item in sand Peters münster

38ᵇ l. 6. Der sybend haubt altar ist

39ᵃ das goczhausz sand Peters

40ᵃ l. 14. Auch so ayn mensch fur ayn

41ᵃ zu der rechtten handt so get

42ᵃ tochter Item in der capel

43ᵇ l. 3. (D)ie drit haubt kyerche

44ᵃ Rome gepaut haben als in

45ᵇ l. 4. (D)ie vird haubt kyʳche zu

46ᵃ die kyerch pawen sol Do

47ᵇ l. 7. (D)ie fuenft haubt kyrch

48ᵇ l. 7. (D)ie sechst haubt kyʳch

49ᵃ gancz iar zwivaltigt Scts

50ᵃ creucz mit essig vnd gall getr

51ᵃ l. 10. (D)ie sybent haubt kyrch

52ᵃ erde man mag do seb vʳcrc

53ᵃ genad der kyrchen als war

54ᵃ Cristoforo dem heyligen

55ᵃ Blanc.

55ᵇ Image du Sudarium soutenu par deux anges; au dessous
armes de Sixte IV. (chêne avec des glands) à gauche
écusson avec les deux clefs; a droite SPQR.

56ᵃ (C)zu Scta Maria transti

57ᵃ l. 7. (C)zu sand bartholomeo

58ᵃ (C)zu sand Nicolas kirch⸗

59ᵃ l. 14. (C)zu sand jorgen dy kyrche

60ᵃ l. 6. (I)n der kyrch ober scola greca

61ᵃ l. 2. (C)zu scta brista leyt hin deʳ

62ᵇ l. 3. (C)zu den dreyen brunen

63ᵃ l. 4. (D)omine quo vadis pey

64ᵃ l. 13. (C)zu sand gregor

65ᵃ (C)zu vnser liebē frawen zu

66ᵃ l. 5. (D)ornach zu kumbt man

67ᵃ menschen an weyb vnd kynd

68ᵃ (C)zu sand Cosman vnd

Ff.
69ᵃ vnd Abdenago die in dem of⸗
70ᵇ (C)zu sand Marco do ist
71ᵃ l. 15. (C)zu vnser lieben frawē
72ᵃ (C)zu sand lorencz in lucina
73ᵇ l. 7. (C)zu scta bibiana leyt vor
74ᵃ l. 10. (C)zu sand eusebio do ist
75ᵃ l. 8. (C)zu sand veyt zu dem fl⸗
76ᵃ l. 8. (C)zu sand (aller sund)
77ᵃ l. 13. (C)zu sand Indole dy leyt
78ᵃ l. 6. (C)zu sand lorencz in carce
79ᵃ (C)zu vnser liebē frawen
80ᵇ l. 7. (C)zu den engeln dy kirch
81ᵃ l. 8. (C)zu Scta Maria rotūda
82ᵇ l. 5. (C)zu sand Saluator zu
83ᵃ (C)zu sand blasi zu dem
84ᵃ hielt er stet getrewlich Ayns
85ᵃ l. 19. (C)zu vnser lieben frawen
86ᵃ l. 8. (C)zu dem heylige gayst
87ᵃ l. 12. (C)zu sand pangracio leit
88ᵇ l. 3. (E)s ist zu wissen das alle
89ᵃ vasten vnd also fur vnd an.
90ᵃ g. Zu sand Johnēs ān portā lāti⸗
91ᵃ l. 3. (D)ie stacion nach ostern
92ᵃ Item ain vierden suntag ym
  ᵇ Colophon : Also hat das puch ayn end ‖ ihs vns allen
    kum er wend ‖

       A   (Amen.)
PN̄S. PT̄V̄M. FVTVRVM (Presens, Preteritum, Futurum).

Dans l'exemplaire de Lord Spencer le Sudarium est au commencement, tandis qu'il est placé
au f. 55 dans celui du British Museum et à la fin
dans l'exemplaire de la bibliothèque nationale à
Paris. Nous avons reproduit ce livre tout ré-
cemment à 12 exemplaires numérotés.

Le miroir de la Confession, en allemand. Beichtspiegel nach den Zehn Geboten.

Ce livre se compose de 8 ff. opistographiques in-4°, imprimés à la presse et à l'encre ordinaire, formant 2 cahiers, l'un de 6 ff. l'autre de deux.

F. 1ᵃ Image xylographique; Le Christ montrant ses deux bras étendus.

1ᵇ Blanc.

2ᵃ 20 lignes de texte commençant par, "Ich armer sündiger," mensch bekemt ‖ mich gotte mynē herē, &c.

2ᵇ Image xylographique reproduite ici.

3ᵃ Ander menschen vnt zytlicher vñ, &c. 19 lignes de texte.

3ᵇ Ich gib mich schuldig in dem an‖dern gebote, &c. 20 lignes.

4ᵃ Ich gib mich schuldig in dem iij. ge‖bot, &c. 20 li.

4ᵇ Ich gib mich schuldig in dem iiij. ‖gebot, &c. 20 li.

5ᵃ Ich gib mich schuldig ī dē v. gebot der, &c. 20 li.

5ᵇ Ich gibe mich schuldig in dem vi. ‖gebote, &c., à la 10ᵉ ligne commence: "Hie nach volget das vij. gebote;" mais le reste de la page est blanc.

6ᵃ Même xylographie qu'au premier feuillet.

6ᵇ Ich gib mich schuldig in dem vij. ‖gebot, &c. 20 li.

7ᵃ Sigē kostē vnd beswernis uff in ge‖tribē hā, &c. 21 li.

7ᵇ Ich gib mich schuldig in dem achte‖gebote, &c.

8ᵃ Ich gib mich schuldig in dem ix. ‖gebot, &c. 18 li.

8ᵇ Ich gib mich schuldig in dem ze‖henden gebot, &c.

L'ouvrage se termine ici à la 9ᵉ ligne par: " Wie ich mich, &c."

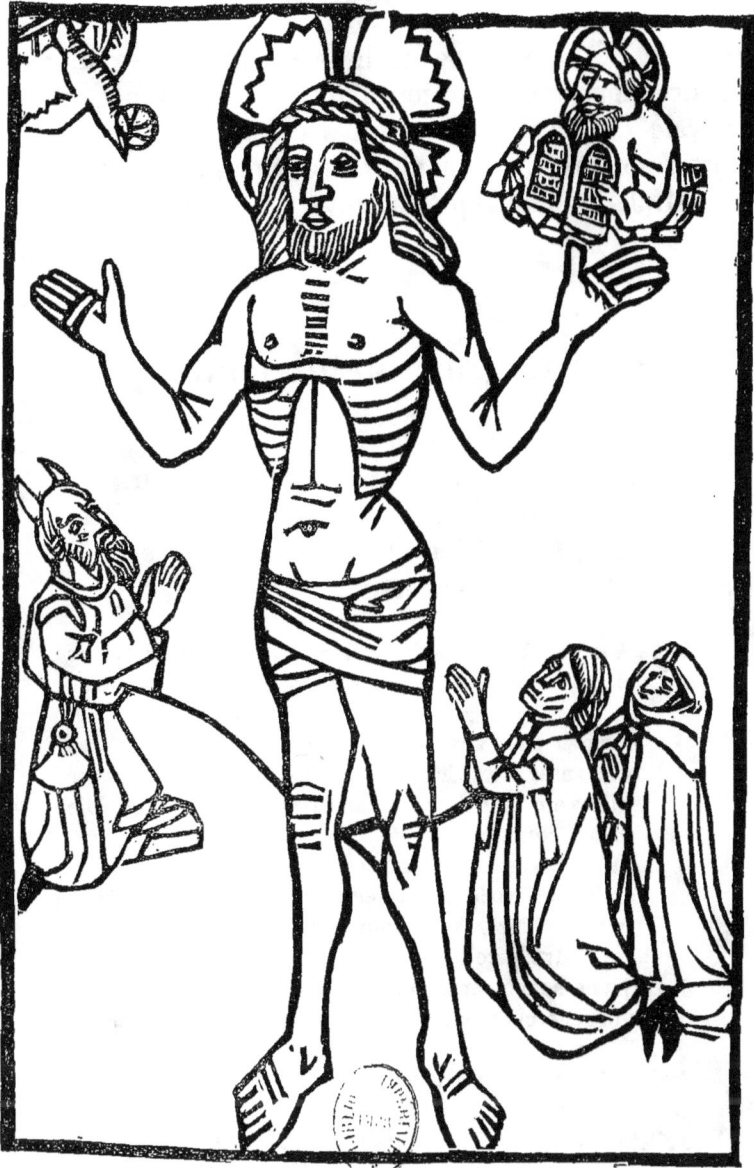

On ne connaît de ce livre qu'un seul exemplaire appartenant aujourd'hui à la bibliothèque royale de La Haye, et qui a été reproduit à un petit nombre d'exemplaires avec une introduction de M. J. W. Holtrop (La Haye, 1861, in-4°).

Le Salve Regina, en allemand.

Ce livre se compose de 16 ff.
Haut. 8 po. 7 li. sur 6 po. 3 li. de largeur.
Le seul exemplaire connu est dans la collection de M. T. O. Weigel à Leipzig, et il est incomplet des deux premiers ff.

F. 3 La Vierge s'avance à droite sous une voûte suivie de cinq jeunes filles et d'un évêque, à gauche une femme guérit un aveugle avec un pendant d'oreille. "Die Sungen das Salve das vor auf erden nie gehort was vnd vnser fraw herausz auf ain seyten. Die ander wider ein wehet die kranken mit dem erink. Die woden gesundt."

4 La Vierge suivie des mêmes personnages vient de la droite, et parle à un jeune homme malade. "Hie erschain vnser fraw mit junckfrawen vnd gesang des Salve," &c.

5 Le jeune homme enseigne le Salve à des nonnes.

6 Les nonnes chantent le Salve devant une image de la Vierge.

7 Un oiseau apporte le Salve à une femme qui désire l'apprendre.

8 Cette femme enseigne le Salve aux prêtres.

9 Les prêtres et les moines chantent le Salve devant l'image de la Vierge.

10 La Vierge apparaît à un mourant et lui fait chanter le Salve.

11 La Vierge et l'enfant Jesus apparaissent à des personnages qui chantent le Salve devant un autel.

12 La Vierge intercède pour un pécheur; mais Jesus se detourne de lui.

13 Le même sujet avec quelques différences.

14 Le même sujet: la Vierge prend l'enfant Jesus et le pose sur l'autel.

15 La Vierge s'agenouille près du pécheur à qui Jesus pardonne. On lit au bas de cette planche: " Lienhart czv regenspurck."

16 La Vierge reproche à St. Grégoire de n'avoir pas chanté ses louanges, le pape repond; " Heylige vnd vnuermaligte iunckfrawschaft was lob ich dir sag wais ich nicht wan den die himel nit haben mugen begreiffen has tu in deinem laib beschlossen."

Ainsi ce livre à été dessiné ou gravé à Ratisbonne par un artiste nommé Lienhart, il a été décrit pour la première fois par le D^r. Passavant (Peintre-graveur, I. 49).

Les Sept péchés capitaux, en hollandais. Korte meditatien over de zeven hoofdzonden.

Ce livre dont le seul exemplaire connu est conservé dans la bibliothèque publique de Harlem se compose de 8 ff. opistographiques formant 16 pp. in-18°.

F. 1ᵃ **Titre**: xylographie représentant un prêtre qui exhorte un laïque ; ce dessin est entouré de sept petits compartimens où sont reproduites sept scènes différentes de la Passion.

Les 7 ff. suivants contiennent au recto une prière adressée à la Vierge Marie ; au verso une gravure d'un sujet de la passion et au dessous une courte prière pour ne pas tomber dans un des péchés mortels qui sont :

Oncuysheit, la luxure :
Gulzicheit, la gourmandise ;
Hovaerdye, l'orgueil ;
Toornicheit, la colère ;
Giericheit, l'avarice ;
Tracheit, la paresse ; et
Nidicheit, l'envie.

Sur la dernière page où se termine le livre est une gravure représentant le pape qui célèbre la messe et donne l'absolution de tous les péchés. Les lettres du texte ressemblent à celles des MSS. hollandais du xvᵉ. siècle. Ce livre appartenait autrefois à Jacob Koning dont les travaux bibliographiques en faveur de Harlem sont bien connus.

Speculum humanæ Salvationis.

Cet ouvrage important, qui offre le premier monument de la xylographie et de la typographie réunies, a-t-il été gravé entièrement en planches de bois dans l'origine ? c'est ce qu'il est permis de supposer, quoique aucun exemplaire

---

Voyez notre reproduction de la 1ʳᵉ édition de cet ouvrage important (Londres, C. J. Stewart, 1863, in-fol.)

complet n'ait été découvert jusqu'ici. La première
édition latine seule a vingt pages dont le texte
est entièrement gravé sur bois; le reste du texte
est en caractères mobiles comme dans les autres
éditions. Le travail fait par W. Y. Ottley a mon-
tré clairement l'ordre dans lequel les gravures
des exemplaires qu'il avait sous les yeux ont été
imprimées. Les phylactères de la dernière gravure dans l'exemplaire de M. J. B. Inglis étant
solides, tandis qu'ils sont évidés dans tous les
autres exemplaires connus, il en resulte incontes-
tablement que pour les gravures cet exemplaire a
été imprimé avant tous les autres. L'état des
blocs qui ont servi à cette impression, la beauté
du tirage confirment d'ailleurs cette indication, et
nous dirions, comme Ottley, que l'édition latine entièrement imprimée en caractères mobiles est la
première de toutes, s'il n'était pas certain que
le texte et les gravures ont été imprimés séparément dans toutes les éditions; s'il était possible
d'expliquer la gravure de 20 pages de texte, quand
l'imprimeur avait à sa disposition des types mobiles; enfin si l'état des planches était dans chaque
édition conforme à la gradation signalée par Ottley. L'ordre indiqué dans ce Catalogue pour les
éditions diverses d'un livre xylographique n'a rien
d'absolu; il sert à distinguer les éditions l'une
de l'autre sans avoir la prétention de trancher la
question de priorité presque toujours fort obscure.
Nous suivrons ici la même règle.

Les mêmes gravures ont servi à l'impression
des quatre éditions du livre; nous nous en sommes

assurés en comptant les hachures du fût de la colonne centrale dont le nombre est le même, sauf les cassures successives, dans les quatre éditions.

1ᵉ Edition.—Latine. 63 ff. anopistographiques, précédés d'un f. blanc et comprenant 5 ff. de preface et 58 ff. de gravures à deux compartimens suivies de 24 à 25 l. de texte rimé sur deux colonnes. 20 ff. de cette édition ont le texte entièrement gravé sur bois et imprimé au frotton à l'encre brunâtre comme toutes les gravures ; tandis que sur tous les autres ff. le texte est imprimé à la presse à l'encre noire d'imprimerie.

2ᵉ Edition.—Latine. Même nombre de ff. et même disposition, seulement le texte est entièrement composé en types mobiles et imprimé à la presse à l'encre noire, tandis que les gravures sont imprimées au frotton à la détrempe. Il y a dans le texte quelques variations qui montrent que la composition n'est pas la même que celle qui a servi à l'impression de la 1ᵉ édition.

3ᵉ Edition. — En hollandais. 62 ff. anopistographiques, dont 4 ff. pour le prologue et 58 ff. pour les gravures qui sont imprimées au frotton à la détrempe, tandis que le texte non rimé est imprimé en caractères mobiles à la presse et avec l'encre d'imprimerie ordinaire. Les types de cette édition appartiennent à une fonte unique et sont plus petits que ceux de la seconde édition hollandaise.

4ᵉ Edition.—En hollandais. Même nombre de ff. que la précédente et même disposition. Les

types mobiles de cette édition sont un peu plus
grands que ceux de la première, sauf les pp. 49
et 60 qui sont composées en types plus petits;
voilà pourquoi on appelle cette édition hollandaise, l'édition à deux fontes.

1ᵉ EDITION.

F. 1. (Vacat.)
  2. Prohemium cuiusdam incipit noue compilationis.
  3. Per virginem sacram (sic) rachelis filiam que septem
     viris fuit tradita.
  4. Et hoc patet per manassem qui supra numerum arene
     maris peccavit.
  5. Et hoc sorobabel per appemen concupiscenciam imposuit.
  6. Item dolorem marie prefigurauerunt adam et eua.
  7. 1ᵉ figure, casus luciferi. 2ᵉ fig. deus creauit hominem,
     &c. Texte xylographique.
  8. fig. 3, De omni ligno paradisi, &c. fig. 4, nequaquam
     moriemini, &c. Texte xylographique.
  9. fig. 5, mulier decepit virum, &c. fig. 6, angelus expulit
     eos, &c. Types mobiles.
 10. fig. 7, Hic adam operatur, &c. fig. 8. Archa noe.
     Texte xylographique.
 11. fig. 9, Hic annunciatur ortus, &c. fig. 10, Rex astrages
     mirabile, &c. Texte xyl.
 12. fig. 11, Ortus conclusus, &c. fig. 12, Balaam prenun-
     ciauit, &c. Texte xyl.
 13. fig. 13, Natiuitas gloriose, &c. fig. 14, Egredietur
     virga, &c. Texte xyl.
 14. fig. 15, Clausa porta, &c. fig. 16, Templum Salomonis,
     &c. Texte xyl.
 15. fig. 17, Maria est domino, &c. fig. 18, Mensa aurea, &c.
     Texte xyl.
 16. fig. 19, Jepte obtulit filiam, &c. fig. 20, Regina persa-
     rum, &c. Texte xyl.
 17. fig. 21, Hic virgo Maria, &c. fig. 22, Hic zara despon-
     satur, &c. Texte xyl.

F. 18. fig. 23, Hec turris dicta, &c. fig. 24, Hec turris dauid, &c. Types mobiles.

19. fig. 25, Hic annunciatur ihesus, &c. fig. 26, Dominus apparuit, &c. Texte xyl.

20. fig. 27, Vellus gedeonis, &c. fig. 28, Rebecca nuncio abrahe, &c. Texte xyl.

21. fig. 29, Natiuitas domini, &c. fig. 30, Pincerna Pharaonis, &c. Types mobiles.

22. fig. 31, Virga Aaron, &c. fig. 32, Sibilla vidit, &c. Texte xyl.

23. fig. 33, Tres magi adorant, &c. fig. 34, Tres magi viderunt, &c. Texte xyl.

24. fig. 35, Tres fortes, &c. fig. 36, Thronus Salomonis, Types mobiles.

25. fig. 37, Maria obtulit, &c. fig. 38, Archa testamenti, &c. Types mobiles.

26. fig. 39, Candelabrum templi, &c. fig. 40, Puer Samuel oblatus, &c. Types mobiles.

27. fig. 41, Omnia ydola, &c. fig. 42, Egipcij fecerunt, &c. Texte xyl.

28. fig. 43, Moyses proiecit, &c. fig. 44, Nabugodonozor vidit, &c. Texte xyl.

29. fig. 45, Ihesus baptisatus, &c. fig. 46, Mare eneum, &c. Types mobiles.

30. fig. 47, Naam leprosus, &c. fig. 48, Jordanis siccatus, &c. Types mobiles.

31. fig. 49, Cristus tripliciter, &c. fig. 50, Daniel destruxit, &c. Types mobiles.

32 fig. 51, Dauid superauit, &c. fig. 52, Dauid interfecit, &c. Texte xyl.

33. fig. 53, Magdalena penituit, &c. fig. 54, Manasses egit, &c. Texte xyl.

34. fig. 55, Paterfamilias filium, &c. fig. 56, Dauid de adulterio, &c. Types mobiles.

35. fig. 57, Cristus fleuit, &c. fig. 58, Jeremias lamentabatur, &c. Types mobiles.

36. fig. 59, Dauid susceptus, &c. fig. 60, Helyodorus flagellabatur. Types mobiles.

F. 37   fig. 61, Cristus manducat, &c.   fig. 62, Manna datur,
       &c. Types mobiles.

38ᵃ   fig. 63, Judei manducauerunt, &c.   fig. 64, Melchise-
       dech optulit, &c. Types mobiles.

39ᵇ   fig. 65, Cristus prostrauit, &c.   fig. 66, Sampson pro-
       strauit, &c. Types mobiles.

40ᵃ   fig. 67, Sanger occidit, &c.   fig. 68, Dauid occidit, &c.
       Types mobiles.

41ᵇ   fig. 69, Cristus dolose traditus. fig. 70, Joab interfecit,
       &c. Types mobiles.

42ᵃ   fig. 71, Rex Saul reddidit, &c.   fig. 72, Caym dolose
       interfecit. Types mobiles.

43ᵇ   fig. 73, Cristus fuit velatus, &c. fig. 74, Hur vir marie,
       &c. Types mobiles.

44ᵃ   fig. 75, Cam derisit, &c.   fig. 76, Philistei sampsonem,
       &c. Types mobiles.

45ᵇ   fig. 77, Ihesus ad columpnam, &c. fig. 78, Achior
       princeps, &c. Types mobiles.

46ᵃ   fig. 79, Lameth constringitur, &c. fig. 80, Job flagella-
       batur, &c. Types mobiles.

47ᵇ   fig. 81, Cristus coronatur, &c. fig. 82, Concubina regis,
       &c. Types mobiles.

48ᵃ   fig. 83, Semey maledicit dauid. fig. 84, Rex amon, &c.
       Types mobiles.

49ᵇ   fig. 85, Cristus baiulauit, &c. fig. 86, Ysaac ligna por-
       tat, &c. Types mobiles.

50ᵃ   fig. 87, Exploratores Vuam, &c. fig. 88, Heres vinee,
       &c. Types mobiles.

51ᵇ   fig. 89, xpūs crucifixus, &c. fig. 90. Inuētores artis
       ferrarie, &c. Types mobiles.

52ᵃ   fig. 91, Ysaias pphā diuiditur, &c. fig. 92, Rex moab
       Imolauit, &c. Texte xyl.

53ᵇ   fig. 93, Cristus pendens in cruce, &c. fig. 94. Nabugo-
       donosor in sōpnio, &c. Types mobiles.

54ᵃ   fig. 95, Rex codrus dedit, &c. fig. 96, Eleasar ɔfodēs
       elephantē, &c. Types mobiles.

55ᵇ   fig. 97, Dolor marie, &c. fig. 98, Jacob deflet, &c.
       Types mobiles.

F. 56ᵃ fig. 99, Prothoplausti luxerunt, &c. fig. 100, Noemi
flet, &c. Types mobiles.

57ᵇ fig. 101, Hora completorii, &c. fig. 102, Dauid fleuit,
&c. Types mobiles.

58ᵃ fig. 103, Joseph missus, &c. fig. 104, Jonas a cete,
&c. Types mobiles.

59ᵇ fig. 105, Sancti patres, &c. fig. 106, Israhel liberatio,
&c. Types mobiles.

60ᵃ fig. 107, Liberatio abraham, &c. fig. 108, Liberatio
loth, &c. Types mobiles.

61ᵇ fig. 109, Resurrectio domini, &c. fig. 110, Sampson
tulit, &c. Texte xyl.

62ᵃ fig. 111, Exitus ione, &c. fig. 112, Lapis reprobatus,
&c. Types mobiles.

63ᵇ fig. 113, Extremum iudicium. fig. 114, Nobilis reuer-
sus, &c. Types mobiles.

64ᵃ fig. 115, Regnum celorum, &c. fig. 116, Manus domini,
&c. Types mobiles.

2ᵉ EDITION.

Même disposition avec la différence que le
texte est entièrement imprimé en lettres mobiles.

3ᵉ EDITION. 1ᵉ HOLLANDAISE.

F. 1ᵇ Dat is die prologhe vāder spieghel onser behoudenisse‖
( ) O wie rechtuaerdichet vele mēschē le‖rē sellē
blenkē alse sterrē in die ewighe e‖wichedē, &c.

3ᵇ Le prologue finit par les mots : " Wāt mi mit docht dē
genē die ꝭ heiligh‖ scrifte studerē of si bi aueture
vādē dustanigē dingē ꝭ dezē‖boec dz si mi ꝺ niet oer-
delen ē soudē. Wāt die die ma‖nier vā ouʳ settige
eñ exposicie also is O goede ihū gꝛt o‖ns di te behagē
eñ wi enē kerstigē stichtʳ di behagel. aᵐ̄."

4ᵃ Dit is die tafel van de capitelen.

La préface et la table des matières qui forment le premier cahier du livre sont imprimées à

longues lignes. Les autres ff. avec les mêmes gravures que les éditions latines ont le texte imprimé à deux colonnes. Au dessous de la 1ᵉ figure : Casus luciferi.

F. 5ᵇ On lit : 1 lucifers val‖( ) Ier begent die Spieghel der menscheliker behoudenisse O‖ec machi daer in sien dat hi‖mits viants bedroch vʳdoēt‖is Eñ hoe si ouʳmits dʳberm‖hʳticheit gods, &c.

4ᵉ Edition.   2ᵉ Hollandaise.

Cette édition diffère de la précédente en ce que les types en sont plus grands sauf les ff. 49 et 50 qui sont plus petits. Quelques exemplaires de cette édition diffèrent entre eux et montrent que quelques feuillets au moins ont été composés deux fois.

Le Verger Spirituel.   Spirituale Pomerium.

Le Verger Spirituel n'est pas à proprement parler un livre xylographique ; mais il offre une série de 12 gravures en bois, de 4 po. en carré et avec leur légende de 18 li. de plus en hauteur, collées en tête de chaque chapitre d'un MS. de 23 ff. qui se trouve dans la bibliothèque royale de Bruxelles.

Ces gravures sont de l'année 1440 ; car on lit dans le MS. : "Spirituale pomerium editum per humilem fratrem henricum ex pomerio canonicum regularem in monasterio beatæ Mariæ viridis vallis, &c.   En hoc spirituali pomerio anima deuota instruitur per quem modum singulis horis se possit deuotis meditationibus exercere ad recolligendum quolibet die singula dei beneficia ab initio usque ad finem mundi . . . . Explicit spirituale pomerium editum anno dñi Mº CCCCº XLº. Cette dernière mention se trouve répétée à la fin.

Les titres et les sujets de ces douze gravures sont les suivants :—

    I. Dei sapientia.   La création de l'âme.
   II. Dei bonitas.   Dieu donne un anneau à l'âme.
 III. Dei providentia.   Adam et Eve chassés du paradis.
 IV. Dei misericordia.   L'âme à genoux devant les prophètes.
   V. Dei pietas.   La nativité.
 VI. Dei humilitas.   Le baptême de Jésus.
VII. Dei caritas.   La sainte cène.
VIII. Dei patientia.   Jésus en croix.
 IX. Dei pax.   La résurrection.
  X. Dei liberalitas.   La descente du St. esprit.
 XI. Dei justitia.   Le jugement dernier.
XII. Dei amicicia.   Le couronnement de l'âme.

Cette xylographie a été décrite par Renouvier (Jules) "Des types et des manières des maîtres-graveurs," Montpellier, 1853, p. 14.

P

La Vie et la Passion de Jésus-Christ, en allemand.

Le "Peintre graveur" de J. D. Passavant (I. 52) contient la description d'une passion de Jésus-Christ en 16 ff. de 3 po. 1 li. de hauteur sur 2 po. 3 li. de largeur, imprimés d'un seul côté du papier, qui se trouve dans la collection de M. T. O. Weigel de Leipzig. Ce livre doit avoir 32 ff. car M. Passavant ajoute que les 16 pages de texte correspondantes sont aussi gravées sur bois ou sur métal et commencent par l'explication du lavement des pieds : "Her als du durch lieb hast gewaschen, &c."

Voici l'ordre dans lequel se suivent les gravures : —

1. J. C. lave les pieds de S. Pierre.
2. Jésus sur le mont des Olives.
3. La trahison de Judas.
4. Le reniement de S. Pierre.
5. Jésus devant le Grand Prêtre.
6. Jésus devant Pilate.
7. Jésus devant Hérode.
8. La flagellation.
9. Le couronnement d'épines.
10. Pilate se lave les mains.
11. Jésus porte sa croix.
12. Il est dépouillé de ses habits.
13. Jésus attaché à la croix.
14. Le Christ en croix, la Vierge et S. Jean à ses côtés.
15. La descente de croix.
16. Jésus pleuré par les siens.

II.

Vie et Passion de Jésus-Christ, en allemand.

Ce livre que nous n'hésitons pas à ranger parmi les livres xylographiques, quoique chaque gravure soit surmontée d'un en-tête et suivie d'une prière de cinq lignes en caractères mobiles, se compose de 48 ff. anopistographiques imprimés à la presse ordinaire.

F. 1ª. blanc.

1ᵇ. Création : Von der göttlichem schoppfung aller crea-
turen.

2ª. Naissance de la Vierge : Von der vnbefleckten entpfen-
gnusz vnd geburt Marie.

3ᵇ. Mariage de la Vierge : Von der vermahelũg vnd uffop-
ferũg Marie in tẽpel.

4ª. L'annonciation : Von der englischen verkündung Marie
beschehen.

5ᵇ. La nativité : Von der geburt Jesu Christi.

6ª. La circoncision : Von der beschneidung Christi.

7ᵇ. Les trois rois : Von der heiligen drey künig tag.

8ª. La présentation au temple : Von der vffopfferung
Christi in tempel.

9ᵇ. Jésus disputant au temple : Wie Christus xii. jar alt
im tempel gefunden ward.

10ª. Le baptême et la tentation du Christ : Von dem tauft
vnd versuchung Christi.

11ᵇ. La vocation des disciples : Von der berufung der iugner
Christi.

12ᵃ. Les prédications du Christ: Von dem heilsamen predigen Christi.

13ᵇ. Les miracles du Christ: Von dem wunderzeychen Christi.

14ᵃ. La Madeleine: Wie Christus die sünder nitt hat verschmacht.

15ᵇ. Le dimanche des rameaux: Der palm tag von dem herrlichē jnreiten Christi.

16ᵃ. Le jeudi saint. La cène: Der hoch donderstag Von dem nachtmol (sic) Christi.

17ᵇ. Le jardin des olives: Zu der ersten Complet zeit Christus aus ölberg.

18ᵃ. La trahison de Judas: Von dē vngestumē vberfallē vnd gefengknüsz Christi.

19ᵇ. Jésus devant Anne: Zu der Mettinzeit. Christus vor Anna.

20ᵃ. Jésus devant Caïphe: Christus vor Caypha.

21ᵇ. Jésus devant Pilate et Hérode: Zu der Primzeit Christus vor Pilato vnd Herode.

22ᵃ. La flagellation: Zu der Tertzzeit. Die geyszlung Christi.

23ᵇ. Le couronnement d'épines: Von der Krönung vnd verspotten Christi.

24ᵃ. Ecce homo: Wie Christus vō Pilato fur der richthusz ward gefürt.

25ᵇ. Pilate se lavant les mains: Wie Christus von Pilato verurteilt ward.

26ᵃ. Jésus porte sa croix: Von der vszfürung Christi.

27ᵇ. Le crucifiement: Zu der Sextzeit wie Christus ward an dz creütz genagelt.

28ᵃ. L'élévation de la croix: Wie Christus an dem creütz ward vffgerichtet.

29ᵇ. Jésus mourant sur la croix: Zu der Nonzeit Christi verscheidung am creütz.

30ᵃ. La descente de croix: Vesperzeit Christi ablösung von dem creütz.

31ᵇ. Mater dolorosa: Das vesper bildzu vnser lieben frawen.

32ᵃ. L'ensevelissement: Von der begrebnusz Christi.

33^b. La resurrection : Am Ostertag von der herlichen vrstend Christi.

[Cette planche se trouve insérée dans la vie et la passion, imprimée à Strasbourg par Knoblouch, en 1506, in-fol.]

34^a. L'apparition de Jésus à Marie : Von der erschinüg Christi nach seynes vrstend.

35^b. L'ascension : An dem Uffart tag.

36^a. La Pentecôte : An dem Pfingstag.

37^b. Mort de la Vierge : Von dem abscheidē vnd kronūg Marie.

38^a. L'intercession : Zu abstellung des zorns gottes.

39^b. L'aveuglement des pécheurs : Von der blinden gefenknüsz des sünders.

40^a. Le mourant : Von dem sterbenden menschen.

41^b. L'intercession des douze disciples : Von dem fürbitt der heiligen zwölff iunger Christi.

42^a. L'intercession des Saint Martyrs : Von dem fürbitt der heiligen marterer.

43^b. L'intercession des saints Confesseurs : Von dem fürbitten der heiligen beychtiger.

44^a. L'intercession des Saintes Vierges : Von dem heiligen iunck frawen.

45. manque.

46^a. Le dernier jugement : Von dem Jüngsten gericht.

47^b. Le paradis : Von der freüdewiger seligkeit.

48^b. L'enfer : Van der pein ewiger verdamnüsz.

La hauteur de ces gravures est de 8 po. $\frac{4}{8}$ sur 6 po. $\frac{5}{8}$ de même que celles de la passion de Knoblouch de 1506 : cependant celles-ci marquées du monogramme VG sont beaucoup moins bien exécutées que celles du livre que nous décrivons ici et qui se trouve dans la collection de M. J. B. Inglis. Le cabinet des estampes du British Museum possède une vingtaine de gravures détachées de ce livre ; mais l'inscription qui les

surmonte et la prière au dessous en ont été en-
levées antérieurement. Le style de la gravure
se rapproche tellement de la manière d'Urs Graf
qu'on peut lui attribuer ce livre. Les types appartiennent à Knoblouch imprimeur à Strasbourg,
qui a publié sans doute cet ouvrage dans les premières années du xvi⁰ siècle.

Liber Regum—Le Livre des Rois.

S. A. R. M. le Duc d'Aumale, ayant bien voulu
nous permettre de prendre une collation de ce
livre qui n'a jamais été donnée jusqu'ici, nous
completons ce qui a été dit ci-dessus p. 86 en
donnant le sujet des dessins et les deux premières
lignes du texte sous chaque gravure.

L'exemplaire de M. le Duc d'Aumale est dans
un état parfait de conservation, non colorié, et
chaque feuillet détaché.

F.   (à gauche.)   (à droite.)
1ᵃ blanc.
1ᵇ Samuel présenté au temple.   Le songe de Samuel.
    Sign. A libʳ. regū.

    Primo libro regum capło pri-   Secundo et tercio capłis legitur
      mo legitur‖q̄ fuit vir visus   q̄, postq̄,‖p virū dei predicta
      nomine helchanā ha⸗   fuerant heli sacer⸗

(à gauche.)

2ª L'arche portée au milieu des combattants.

Quarto q̄uto et sexto capᵗis legitur‖q̄ philistijni ꝯuenerunt in preliū.

2ᵇ blanc.

3ª blanc.

3ᵇ Sign. B.

Samuel fait des reproches aux anciens d'Israel.

Octavo capᶦo legitur q̄ cū senuisset‖Samuel posuit filios suos iudices.

4ª Saul est couronné roi par Samuel.

Undecimo et xii capᵗis legitur q̄ cū‖naas ammonites pugre cepiss₃ ad

4ᵇ blanc.

5ª blanc.

5ᵇ Sign. C.

Saul tue le roi des Amalécites.

Decimo q̄uto capᶦo legitur q̄ cū Saul‖precepto d̄ni percussisset amalech

6ª

David joue de la harpe devant Saul.

Eodem capᶦo legitur q̄ cū servi‖Saul dixerunt ad eum Ecce Spiritus

6ᵇ blanc.

7ª do.

7ᵇ Sign. D.

David rapporte en triomphe la tête de Goliath.

(à droite.)

Samuel supplie le peuple d'abandonner l'idolatrie.

SEptimo capᶦo legitur q̄ Samuel dix₌‖it ad vniūsū ȳsrl Auferte deos alie₌

Saul est oint roi par Samuel.

Nono et decimo capᵗis legitur q̄ cū‖Saul venisset ad Samuelē ut sibi asi

Les Israélites battent les Philistins.

Decimo tʳcio et xiiij capᵗis legitʳ q̄ cū‖ȳsrl erexiss₃ se contʳ philistini sst

Samuel oint David roi.

De dauid scd̄o rege ȳsrl

Decimo sexto capᶦo legitur q̄ dūs

David tue Goliath.

Decimo septimo capᶦo legitur q̄ phi₌‖listijni ꝯuenerūt ī p̄lium contʳ ȳsrl

Saul veut faire tuer David.

F.	(à gauche.)	(à droite.)
	Decimo octavo caplo legitur qd dauid ‖ reůtenti de p̄lio cū capite goliath in	Decimo nono caplo legitur qȝ Saul ‖ p̄cepit dauid occidi sȝ p jonathan
8ª	David est accueilli par Jonathan.	David est amené devant Achimelech.
	Vicesimo caplo legitur qȝ dauid fugit ‖ de naioth et venit a ionathan.	Vicesimo p̄mo caplo legitur qȝ cū ‖ dauid abijsset a ionatha venit
8ᵇ	blanc.	
9ª	do.	
9ᵇ	Sign. E.	
	Saul fait tuer tous les prêtres.	David bat les philistins.
	Vicesimo scdo caplo legitur qȝ cū da= ‖ uid fugisset ĩspelūcā modollaˉ (*sic*)	Vicesimo tercio caplo legitur qȝ da= ‖ uid audiēs qȝ philistini expug=
10ª		
	David se présente à Saul en sortant de la caverne.	David visite saul la nuit dans sa tente.
	Vicesiō q̄rto caplo legitur qȝ cū saul re= ‖ ůsꝰ ēet postqȝ psecutꝰ ē philisteos.	Vicesiō q̄uto & xxvj et xxvij caplis ‖ legitur qȝ cū dd mortuo samuele
10ᵇ	blanc.	
11ª	do.	
11ᵇ	Sign. F.	
	David tombe sur les philistins qui célèbrent une fête.	Saul se tue en combattant les philistins.
	Vicesimo octauo xxix & xxx caplis ‖ legitur qȝ cū venissēt philistijni et	Tricesimo p̄mo caplo legitur ‖ qȝ cum philistijni timentes p̃
12ª	2° lib. regᵐ.	
	David fait tuer celui qui se vante d'être le meurtrier de Saul.	David est oint roi de Juda.
	Secūdi libri regū primo caplo legi= ‖ tur qȝ mortuo saul in bello vnꝰ	Secūdo et triō caplis legitur qȝ post ‖ mortē saul ddꝰ ꝯsiliꝰ dn̄i dn̄dit ĩ trā

F.

12^b blanc.

13^a do.

13^b Sign. G.

David fait tuer les meurtriers des fils de Saul.

David cherche les philistins dans leurs montagnes.

Qvarto et v° capłis legitur q͛ his꞊‖boseth filio saul erant duo p̄n

Eodem quinto capitulo legitur‖q͛ cum audissent philistijni.

14^a

David fait porter l'arche devant lui.

Le prophète Nathan adresse des reproches à David.

Sexto capło legitur q͛ cū dauid‖congregasset ōnis electos ȳsrl.

Septimo et octauo capłis legitur‖q͛ cū dūs dedisset dauid requiem.

14^b blanc.

15^a do.

15^b Sign. H.

David recherche les héritiers de Saul.

David fait la guerre aux fils d'Ammon.

Nono capitulo legitur q͛ dauid‖interrogauit an ne esset ali꞊

Decimo capło legitur q͛ cū dauid‖misisset ad anon regē filioᷟ āmon.

16^a

Nathan reproche à David la mort d'Urie.

David assiége la Capitale des fils d'Ammon.

Undecimo et xii° capłis legitur q͛‖cum dauid ῑpgñasset bethsabee.

Eodem xii° capło legitur q͛ cum‖ioab p̄nceps excītus dauid pug꞊

16^b blanc.

17^a do.

17^b Sign. I.

Absalon est rappelé d'exil par son père.

David sort de Jerusalem par crainte d'Absalon.

Decimo t̄cio et xiiij capłis legitur q͛‖cū Absolon frēm suū āmon inuita꞊

Decimo qūto et xvj capłis legitur q͛‖absolon post reconciliationē suā.

Q

Ff.
18ᵃ

Mort d'Absalon.

David rentre à Jerusalem après la mort de son fils.

Decimo septimo et xviij capⁱis legitur ‖ q̄ Absolon auditis suis ꝯciliarijs p̄.

Decimo nono et xx capⁱis legitur q̄ ‖ cū dd⁹ post mortē filij sui absolō reuer⸗

18ᵇ blanc.

19ᵃ do.

19ᵇ Sign. K.

David fait crucifier 7 des fils de Saul.

Le prophète Gad est envoyé à David.

Vicesimo pᵐo et vicesimo scd̄o et xxiij ‖ capⁱis legitur q̄ dūs misit famē in

Ultimo capⁱo legitur q̄ dd⁹ p̄cepit‖ ioab ut numeraret om̄em ysrl ut

20ᵃ

Salomon reçoit la couronne.

Mort de David.

Tercii libri regū pmo capⁱo legitur q̄ ‖ cū dauid senuisset Adonias filius ei⁹.

Secundo capⁱo legitur q̄ diebus dd⁹ ap⸗‖ propinquātibus ut morᵉetur p̄cepit.

Calendrier français et bas-breton.

11 feuillets opistographiques, sur vélin.

Aux calendriers français xylographiques décrits ci-dessus pp. 55—60, nous devons ajouter celui qui se trouve dans la riche collection de S. A. R. M. le Duc d'Aumale, et que nous attribuons sans hésiter au graveur G. Brouscon du Conquet. En complétant en effet les lettres qui sont au centre des rosaces B(R)OVS(C)O(N), [les lettres R, C, N, entre parenthèses, ont été omises ou brisées au centre des rosaces ff. 2a, 3b, et 4b], on a le nom entier du graveur. Cette édition diffère de celle qui se trouve au département des Manuscrits au British Museum, et de celle de Lord Spencer, quoique les planches soient de la même dimension que cette dernière. Le fragment que possède le British Museum, et dont le fac-simile est reproduit ci-dessus p. 57, est identique avec les ff. 6b et 7a de la présente édition, et lui appartient par conséquent, quoique le verso des deux cartes soit tellement effacé que ce fragment semble anopistographique. L'exemplaire de M. le Duc d'Aumale est dans un état parfait de conservation, et complet, quoique le dernier feuillet, qui était blanc sans doute, manque dans cet exemplaire, qui a dû se composer ainsi de 3 cahiers, de 4 ff. chaque, formant ensemble 12 ff., le dernier blanc.

Ff.		Phylactère Supérieur.	Centre.	Phylactère Inférieur.
1ᵃ	{ Phases de la lune, &c. en rosace }	Suest	(blanc)	geuret
ᵇ	do.	Susuest	B	merieuret
2ᵃ	do.	Sv	(blanc)	Su
ᵇ	do.	Susuroest	OV	entre su hameriënt
3ᵃ	do.	Suroest	S	Mervent
ᵇ	do.	Oest suroest	(blanc)	Meruent cornoer
4ᵃ	do.	Oest	O	Cornovec
ᵇ	do.	Oest norest	(blanc)	goallarn gornaouec

5ᵃ Tableau en chiffres runiques & arabes. On lit en tête : *l'advent le catre tems* et dans une colonne verticale : "les deminutiõs des lieux par menutes ajoter."

Ff.

^b Carte de la côte française & espagnole à partir, du *Conquet* jusqu'à *Ortiquera* en Espagne. Phylactère inférieur *Gascoine* et monogramme du graveur G B entrelacés.

6^a Carte de la côte française de Flandre en Bretagne, vue de *Rovā* (Rouen) &c. Phylactère supérieur : *Flandres.*

^b Carte d'Angleterre (fac-simile ci-dessus, p. 57).

7^a Carte d'Irlande, avec les noms en irlandais (fac-simile ci-dessus, p. 57).

^b Calendrier avec têtes de saints, dans la colonne verticale à gauche.

8^a Suite du même calendrier.

^b Rose des vents : Phyl. Sup. *La Scovdrille.* Centre : monogramme du graveur. Phyl. infér. *Regime pour lestoelle du nort.*

9^a Calendrier avec têtes des principaux saints, initiales des mois et leurs emblêmes :

		I (Janvier)	F (Fevrier)
^b	do.	M (Mars)	A (Avril)
10^a	do.	M (Mai)	I (Juin)
^b	do.	I (Juillet)	A (Aout)
11^a	do.	S (Septembre)	O (Octobre)
	do.	N (Novembre)	D (Décembre)

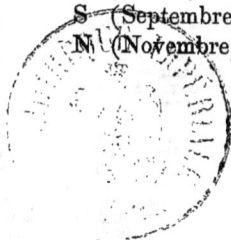

Published by C. J. Stewart.

Speculum Humanæ Salvationis :

LE PLUS ANCIEN MONUMENT DE LA XYLOGRAPHIE ET DE LA TYPOGRAPHIE REUNIES.

(63 *ff.*) REPRODUIT EN FAC-SIMILE, AVEC
INTRODUCTION HISTORIQUE ET BIBLIOGRAPHIQUE PAR J. PH. BERJEAU.

Only 155 *Copies printed.   In small Folio, cloth, price* 4*l.* 4*s.*

THE original block-book is supposed to have been printed about 1435, and is of the utmost rarity, the British Museum possessing only one copy. The Fac-simile, which is printed on paper of precisely the same tint and texture as that of the original, occupies 63 leaves in double columns, with 116 distinct designs, and a reproduction of the Text in common type is added, so that, for the first time, modern readers may peruse it without difficulty.

The *Speculum* "is simply a pictorial Scripture History, composed exactly on the principle that the stained-glass windows, altar triptychs, and illuminated office-books of the period, pretty uniformly exhibit ; that is to say, a picture of a certain subject from the Old or the New Testament is given, with a more or less brief account, in black letter underneath it, of the personages or scenes intended. The engravings are executed in a very fair style ; indeed, both the drawing and the cutting are wonderful for the age, but the type is not very legible, and is made less so by the many contractions and many barbarisms of the Latinity. Each page has a double subject, under a low, four-centred Gothic arch, resting on a column of what we should call 'perpendicular' or 'third-pointed' details. As regards the drawing, we hold it to be, though rude, very artistic. There is a decided character and an expression in the figures that are almost worthy of Albert Durer. Nothing is feeble, though much is quaint. The draperies are simple and effective, and there is no crowding of figures, but a judicious grouping of from two to five personages in each, with backgrounds of trees, hills, or houses, as in the paintings of the early masters. . . .

"We have only to add, that the fac-similes in this beautiful and interesting volume appear to be executed with the minutest fidelity. Mr. Stewart has spared neither pains nor expense in producing a work which has, probably, no rival of its kind." *Home and Foreign Review, April,* 1863.

"From the learned Introduction which M. Berjeau has prefixed to his fac-simile reproduction, we perceive the importance that necessarily attaches to the present block-book above its two predecessors, and indeed all others, in the fact that it offers the earliest known example of block-printing and printing from moveable type in one and the same volume. . . . The author of the *Speculum* can never be charged with that grossness of language and immoral imagery which are a stain upon many of the theological works of the middle ages." *Literary Gazette.*

"There are several aspects in which a book like this may be viewed. We may consider it as a fac-simile, and admire the perfection of modern art, by which the productions of other ages are imitated with extraordinary accuracy. . . . It is very interesting as an example of the state of wood-engraving some four hundred and thirty years ago. . . . It also indicates that religious teaching was not altogether based on the Bible. For not only are the subjects drawn from the Old and New Testaments and the Apocrypha, but there are a few from other sources. . . . It is remarkable as a specimen of block-printing, and perhaps even more so as combining at the same time the most ancient example of type-printing now extant. Part of it, and of course every illustration, is from wood-blocks, but part of it is printed with moveable type. During its execution the wood-engraver was superseded by the type-founder, and that which was begun as a block-book ended as letter-press. The bibliography of the subject is ubly handled by the editor in a copious introduction. . . . Much very interesting matter is contained in this introduction, and it is a valuable contribution to the early history of the art of printing.*

"It is worthy of notice that the ink of the plates and the whole portion printed from the wooden blocks is truly called 'a brown pale and thin ink ; whereas the ink used with the metallic type is of a beautiful and rich black.' These differences, and all other peculiarities of the original copy, have been produced with rare fidelity and success. And as a work of art, therefore, and as a literary monument of a less privileged age, we heartily commend the volume, and have much pleasure in calling to it the attention of our readers. Neither labour, skill, nor money, have been spared in its production.

"Altogether, we know of no book of the kind which the true lover of curious books would prefer to possess, for next to the original he must covet such a fac-simile as this. It is true the sum of four guineas is a high price to pay, but not too much by a farthing for such a work of Art. Its value for the purposes of study and comparison will be evident at a glance to the bibliographer ; upon these points, however, it is unnecessary to enlarge ; and we shall be surprised if any of the one hundred and fifty-five copies, to which the impression is limited, remain long unsold." *Journal of Sacred Literature.*

* The "INTRODUCTION" may be had separately, 4to, *in cloth*, price 10*s.* 6*d.*

Published by C. J. Stewart.

BIBLIOGRAPHY OF THE SPECULUM HUMANÆ SALVATIONIS,

Effai Bibliographique fur le Speculum Humanæ Salvationis :

INDIQUANT

LE PASSAGE DE LA XYLOGRAPHIE À LA TYPOGRAPHIE.

Par J. P. BERJEAU.

4to. Seventy-two pages, with Specimen of the Fac-simile.
Cloth, price 10s. 6d.

The subject-matter of this Essay is divided into four sections or chapters:—the *first* entering fully into the question of the Author, and who he was; the *second* treats of the Engraver; the *third* of the Printer; the *fourth* in what order the four Costerian Editions appeared; and, lastly, a summary of the whole, which includes the Author's own conclusion.

" The bibliography of the *Speculum* is ably handled by M. Berjeau in a copious introduction; and he believes that it may be traced to Holland, and to Laurence Coster of Haerlem not later than 1430. Much very interesting matter is contained in this Introduction, and it is a valuable contribution to the early history of the art of printing. The opinions of many who have written on the subject are here quoted and discussed, and the editor's conclusions are pewerfully vindicated by facts."—*Journal of Sacred Literature.*

Published by C. J. Stewart.

GESCHIEDENIS VAN HER HEYLIGHE CRUYS ;

OR,

Hiftory of the Holy Crofs.

64 *Woodcuts on 33 leaves,*

REPRODUCED IN FACSIMILE FROM THE ORIGINAL EDITION
PRINTED IN 1483, BY J. VELDENER.

TEXT, INTRODUCTION, AND ENGRAVINGS, BY J. PH. BERJEAU.

Fcap. 4to, cloth, 1l. 5s.

"I may safely promise the reader no small amusement in the description of the volume before us. The materials are equally abundant and interesting, and it will be my own fault if the mode of putting them together be not productive of information as well as of entertainment." *Dr. T. F. Dibdin, in Bibliotheca Spenceriana, on the original at Althorp.*

"Nothing more complete in its way has ever fallen under our notice than this reproduction by Mr. Berjeau." *Saturday Review.*

"The archæologist, the theologian, and the man of letters, will all acknowledge with gratitude the appearance of this unique and beautiful volume. The legend of the Holy Cross may be described as an allegory, parable, or fable, with equal fitness. The truth which it symbolises is familiar to the Christian mind and heart ; and the pictorial method of its tradition in unliterary generations is graphic and effective in a high degree.

"The truth itself is this : — That the promise of Redemption was made to our first father, and was the hope which he bore away with him from the gates of Paradise. The promise lived on, from the tradition of Adam till the time of Moses, orally—was recognised by him and the people of Israel in the wilderness—was revived in David, and in Solomon and the prophets—and came to its fulness in the Incarnation. Since then it has been the joy of the faithful, and the offence of the unfaithful in every age, on looking back to the Divine gift of goodness in CHRIST. All this truth is told in *symbol* in the Golden Legend of the Cross. The 'tree' on which our Lord was crucified had been watched, from the creation of the world, with sacred care. The seed from which the future tree would grow was deposited with Adam as he died ; and it grew, and was seen by the prophets from time to time ; and after the Incarnation it was 'found' and prized by the saints.

"The Latin legend, of which we have here old Dutch, French, and English versions is said to be originated by Rufinus of Aquila.

"The Introduction and notes are both interesting and learned, and we should be glad to see more on the connexion between this legend, in its numerous forms, with the secret societies of the Middle Ages." *Literary Churchman.*

"M. Berjeau has now put within the reach of every man a book which reproduces a very curious specimen of the earliest art, together with a great deal of really valuable literary information connected with it. The illustrations are in number sixty-four. They are reproduced with the utmost possible care and accuracy from the mediæval original, of which only three copies are known to exist in the world. Of these, besides that from which this book is copied, one is in the King's library at Brussels, the other at the Hague, in the collection of a M. Schinkel . . . .

"Besides the illustrations, however, the volume before us contains an exceedingly curious and interesting relic of mediæval poetry : it is the legendary 'History of the Holy Cross,' in Dutch verses of four lines each engraving. These verses are produced in *fac-simile* below each print ; but, besides this, they are printed in clear type, as an Introduction, and with each of them the extract from the Golden Legend, in Latin, referring to the same subject — Caxton's Golden Legend, in English, and the French version from a MS. in the British Museum of the thirteenth century. The Dutch version, however, contains more than these others. This is followed by an English version, 'executed with a wish to reproduce the quaint and homely style of the original, as far as this is consistent with the reverence which the nature of the subject demands.' Lastly, this is followed by a French version ; and both of these are done very well." *The Weekly Register.*

Published by C. J. Stewart.

Block, or Xylographic Typography.

Only 100 *copies printed: for Subscribers, 8vo. price* 12s., *or* 15fr.:
Non-Subscribers, 16s., *or* 20fr.

CATALOGUE ILLUSTRÉ

DES

LIVRES XYLOGRAPHIQUES,

Par J. Ph. BERJEAU.

Il n'existe aucun Catalogue complet des livres xylographiques connus jusqu'à ce jour, aucun recueil bibliographique où l'on puisse en un instant trouver, sur ces livres si intéressants et si rares, les renseignemens que l'on désire. Sans entrer dans des détails inutiles le Catalogue illustré contiendra, outre un spécimen de gravure facsimile, empruntée à la plupart des monuments de la xylographie, une description succincte de chaque ouvrage, la nomenclature des éditions reconnues différentes, et la liste des collections publiques et particulières où se trouvent ces monuments remarquables. Un livre de ce genre s'adressant nécessairement à un public choisi et très limité, il ne sera tiré que le nombre d'exemplaires nécessaire au service des amateurs qui auront bien voulu souscrire d'avance. Ce nombre ne pourra dans aucun cas dépasser le chiffre de 105 y compris les cinq exemplaires du dépôt légal.

www.ingramcontent.com/pod-product-compliance
Lightning Source LLC
Chambersburg PA
CBHW052215270326
41931CB00011B/2363